書名：奇門行軍要略
系列：心一堂術數珍本古籍叢刊 三式類 奇門遁甲系列
作者：〔清〕劉文瀾

主編、責任編輯：陳劍聰
心一堂術數珍本古籍叢刊編校小組：陳劍聰 素聞 梁松盛 鄒偉才 虛白盧主

出版：心一堂有限公司
地址／門市：香港九龍尖沙咀東麼地道六十三號好時中心LG 六十一室
電話號碼：+852-6715-0840
網址：www.sunyata.cc
電郵：sunyatabook@gmail.com
網上書店：http://book.sunyata.cc
網上論壇：http://bbs.sunyata.cc/

版次：二零一三年九月初版
平裝

定價：港幣 一百九十八元正
人民幣 一百九十八元正
新台幣 五百九十八元正

國際書號：ISBN 978-988-8266-08-1

香港及海外發行：香港聯合書刊物流有限公司
地址：香港新界大埔汀麗路三十六號中華商務印刷大廈三樓
電話號碼：+852-2150-2100
傳真號碼：+852-2407-3062
電郵：info@suplogistics.com.hk

台灣發行：秀威資訊科技股份有限公司
地址：台灣台北市內湖區瑞光路七十六巷六十五號一樓
電話號碼：+886-2-2796-3638
傳真號碼：+886-2-2796-1377
網路書店：www.govbooks.com.tw
www.bodbooks.com.tw
經銷：易可數位行銷股份有限公司
地址：台灣新北市新店區寶橋路二三五巷六弄三號五樓
電話號碼：+886-2-8911-0825
傳真號碼：+886-2-8911-0801
email：book-info@ecorebooks.com
易可部落格：http://ecorebooks.pixnet.net/blog

中國大陸發行・零售：心一堂書店
深圳地址：中國深圳羅湖立新路六號東門博雅負一層零零八號
電話號碼：+86-755-8222-4934
北京地址：中國北京東城區雍和宮大街四十號
心一店淘寶網：http://sunyatacc.taobao.com

心一堂術數古籍珍本叢刊 總序

術數定義

術數，大概可謂以「推算、推演人（個人、群體、國家等）、事、物、自然現象、時間、空間方位等規律及氣數，並或通過種種『方術』，從而達致趨吉避凶或某種特定目的」之知識體系和方法。

術數類別

我國術數的內容類別，歷代不盡相同，例如《漢書・藝文志》中載，漢代術數有六類：天文、曆譜、無行、蓍龜、雜占、形法。至清代《四庫全書》，術數類則有：數學、占候、相宅相墓、占卜、命書、相書、陰陽五行、雜技術等，其他如《後漢書・方術部》、《藝文類聚・方術部》、《太平御覽・方術部》等，對於術數的分類，皆有差異。古代多把天文、曆譜、及部份數學均歸入術數類，而民間流行亦視傳統醫學作為術數的一環；此外，有些術數與宗教中的方術亦往往難以分開。現代學界則常將各種術數歸納為五大類別：命、卜、相、醫、山，通稱「五術」。

本叢刊在《四庫全書》的分類基礎上，將術數分為九大類別：占筮、星命、相術、堪輿、選擇、三式、讖緯、理數（陰陽五行）、雜術。而未收天文、曆譜、算術、宗教方術、醫學。

術數思想與發展——從術到學，乃至合道

我國術數是由上古的占星、卜蓍、形法等術發展下來的。其中卜蓍之術，是歷經夏商周三代而通過「龜卜、蓍筮」得出卜（卦）辭的一種預測（吉凶成敗）術，之後歸納並結集成書，此即現傳之《易經》。經過春秋戰國至秦漢之際，受到當時諸子百家的影響、儒家的推崇，遂有《易傳》等的出現，原本是卜蓍術書的《易經》，被提升及解讀成有包涵「天地之道（理）」之學。因此，《易・繫辭傳》曰：「易與天地準，故能彌綸天地之道。」

漢代以後，易學中的陰陽學說，與五行、九宮、干支、氣運、災變、律曆、卦氣、讖緯、天人感應說等相結合，形成易學中象數系統。而其他原與《易經》本來沒有關係的術數，如占星、形法、選擇，亦漸漸以易理（象數學說）為依歸。《四庫全書・易類小序》云：「術數之興，多在秦漢以後。要其旨，不出乎陰陽五行，生尅制化。實皆《易》之支派，傅以雜說耳。」至此，術數可謂已由「術」發展成「學」。

及至宋代，術數理論與理學中的河圖洛書、太極圖、邵雍先天之學及皇極經世等學說給合，通過術數以演繹理學中「天地中有一太極，萬物中各有一太極」（《朱子語類》）的思想。術數理論不單已發展至十分成熟，而且也從其學理中衍生一些新的方法或理論，如《梅花易數》、《河洛理數》等。

在傳統上，術數功能往往不止於僅僅作為趨吉避凶的方術，及「能彌綸天地之道」的學問，亦有其「修心養性」的功能，「與道合一」（修道）的內涵。《素問・上古天真論》：「上古之人，其知道者，法於陰陽，和於術數。」數之意義，不單是外在的算數、歷數、氣數，而是與理學中同等的「道」、「理」——心性的功能，北宋理氣家邵雍對此多有發揮：「聖人之心，是亦數也」、「萬化萬事生乎心」、「心為太極」。《觀物外篇》：「先天之學，心法也。……蓋天地萬物之理，盡在其中矣，心一而不分，則能應萬物。」反過來說，宋代的術數理論，受到當時理學、佛道及宋易影響，認為心性本質上是等同天地之太極。天地萬物氣數規律，能通過內觀自心而有所感知，即是內心也已具備有術數的推演及預測、感知能力；相傳是邵雍所創之《梅花易數》，便是在這樣的背景下誕生。

《易・文言傳》已有「積善之家，必有餘慶；積不善之家，必有餘殃」之說，至漢代流行的災變說及讖緯說，我國數千年來都認為天災，異常天象（自然現象），皆與一國或一地的施政者失德有關；下至家族、個人之盛衰，也都與一族一人之德行修養有關。因此，我國術數中除了吉凶盛衰理數之外，人心的德行修養，也是趨吉避凶的一個關鍵因素。

術數與宗教、修道

在這種思想之下，我國術數不單只是附屬於巫術或宗教行為的方術，又往往已是一種宗教的修煉手段——通過術數，以知陰陽，乃至合陰陽（道）。「其知道者，法於陰陽，和於術數。」例如，「奇門遁甲」術中，即分為「術奇門」與「法奇門」兩大類。「法奇門」中有大量道教中符籙、手印、存想、內煉的內容，是道教內丹外法的一種重要外法修煉體系。甚至在雷法一系的修煉上，亦大量應用了術數內容。此外，相術、堪輿術中也有修煉望氣色的方法；堪輿家除了選擇陰陽宅之吉凶外，也有道教中選擇適合修道環境（法、財、侶、地中的地）的方法，以至通過堪輿術觀察天地山川陰陽之氣，亦成為領悟陰陽金丹大道的一途。

易學體系以外的術數與的少數民族的術數

我國術數中，也有不用或不全用易理作為其理論依據的，如楊雄的《太玄》、司馬光的《潛虛》。也有一些占卜法、雜術不屬於《易經》系統，不過對後世影響較少而已。

外來宗教及少數民族中也有不少雖受漢文化影響（如陰陽、五行、二十八宿等學說）但仍自成系統的術數，如古代的西夏、突厥、吐魯番等占卜及星占術，藏族中有多種藏傳佛教占卜術、苯教占卜術、擇吉術、推命術、相術等；北方少數民族有薩滿教占卜術；不少少數民族如水族、白族、布朗族、佤族、彝族、苗族等，皆有占雞（卦）草卜、雞蛋卜等術，納西族的占星術、占卜術，彝族畢摩的推命術、占卜術…等等，都是屬於《易經》體系以外的術數。相對上，外國傳入的術數以及其理論，對我國術數影響更大。

曆法、推步術與外來術數的影響

我國的術數與曆法的關係非常緊密。早期的術數中，很多是利用星宿或星宿組合的位置（如某星在某州或某宮某度）付予某種吉凶意義，并據之以推演，例如歲星（木星）、月將（某月太陽所躔之宮次）等。不過，由於不同的古代曆法推步的誤差及歲差的問題，若干年後，其術數所用之星辰的位置，已與真實星辰的位置不一樣了；此如歲星（木星），早期的曆法及術數以十二年為一周期（以應地支），與木星真實周期十一點八六年，每幾十年便錯一宮。後來術家又設一「太歲」的假想星體來解決，是歲星運行的相反，週期亦剛好是十二年。而術數中的神煞，很多即是根據太歲的位置而定。又如六壬術中的「月將」，原是立春節氣後太陽躔娵訾之次而稱作「登明亥將」，至宋代，因歲差的關係，要到雨水節氣後太陽才躔娵訾之次，當時沈括提出了修正，但明清時六壬術中「月將」仍然沿用宋代沈括修正的起法沒有再修正。

由於以真實星象周期的推步術是非常繁複，而且古代星象推步術本身亦有不少誤差，大多數術數除依曆書保留了太陽(節氣)、太陰(月相)的簡單宮次計算外，漸漸形成根據干支、日月等的各自起例，以起出其他具有不同含義的眾多假想星象及神煞系統。唐宋以後，我國絕大部份術數都主要沿用這一系統，也出現了不少完全脫離真實星象的術數，如《子平術》、《紫微斗數》、《鐵版神數》等。後來就連一些利用真實星辰位置的術數，如《七政四餘術》及選擇法中的《天星選擇》，也已與假想星象及神煞混合而使用了。

隨着古代外國曆(推步)、術數的傳入，如唐代傳入的印度曆法及術數，元代傳入的回回曆等，其中我國占星術便吸收了印度占星術中羅睺星、計都星等而形成四餘星，又通過阿拉伯占星術而吸收了其中來自希臘、巴比倫占星術的黃道十二宮、四元素學說(地、水、火、風)，並與我國傳統的二十八宿、五行說、神煞系統並存而形成《七政四餘術》。此外，一些術數中的北斗星名，不用我國傳統的星名：天樞、天璿、天璣、天權、玉衡、開陽、搖光，而是使用來自印度梵文所譯的：貪狼、巨門、祿存、文曲，廉貞、武曲、破軍等，此明顯是受到唐代從印度傳入的曆法及占星術所影響。如星命術的《紫微斗數》及堪輿術的《撼龍經》等文獻中，其星皆用印度譯名。及至清初《時憲曆》，置潤之法則改用西法「定氣」。清代以後的術數，又作過不少的調整。

術數在古代社會及外國的影響

術數在古代社會中一直扮演着一個非常重要的角色，影響層面不單只是某一階層、某一職業、某一年齡的人，而是上自帝王，下至普通百姓，從出生到死亡，不論是生活上的小事如洗髮、出行等，大事如建房、入伙、出兵等，從個人、家族以至國家，從天文、氣象、地理到人事、軍事，從民俗、學術到宗教，都離不開術數的應用。如古代政府的中欽天監(司天監)，除了負責天文、曆法、輿地之外，亦精通其他如星占、選擇、堪輿等術數，除在皇室人員及朝庭中應用外，也定期頒行日書、修定術數，使民間對於天文、日曆用事吉凶及使用其他術數時，有所依從。

在古代，我國的漢族術數，甚至影響遍及西夏、突厥、吐蕃、阿拉伯、印度、東南亞諸國、朝鮮、日本、越南等地，其中朝鮮、日本、越南等國，一至到了民國時期，仍然沿用着我國的多種術數。

術數研究

術數在我國古代社會雖然影響深遠，「是傳統中國理念中的一門科學，從傳統的陰陽、五行、九宮、八卦、河圖、洛書等觀念作大自然的研究。……傳統中國的天文學、數學、煉丹術等，要到上世紀中葉始受世界學者肯定。可是，術數還未受到應得的注意。術數在傳統中國科技史、思想史，文化史、社會史，甚至軍事史都有一定的影響。……更進一步了解術數，我們將更能了解中國歷史的全貌。」（何丙郁《術數、天文與醫學 中國科技史的新視野》，香港城市大學中國文化中心。）

可是術數至今一直不受正統學界所重視，加上術家藏秘自珍，又揚言天機不可洩漏，「（術數）乃吾國科學與哲學融貫而成一種學說，數千年來傳衍嬗變，或隱或現，全賴一二有心人為之繼續維繫，賴以不絕，其中確有學術上研究之價值，非徒癡人說夢，荒誕不經之謂也。其所以至今不能在科學中成立一種地位者，實有數困。蓋古代士大夫階級目醫卜星相為九流之學，多恥道之；而發明諸大師又故為惝恍迷離之辭，以待後人探索；間有一二賢者有所發明，亦秘莫如深，既恐洩天地之秘，複恐譏為旁門左道，始終不肯公開研究，成立一有系統說明之書籍，貽之後世。故居今日而欲研究此種學術，實一極困難之事。」（民國徐樂吾《子平真詮評註》，方重審序）

現存的術數古籍，除極少數是唐、宋、元的版本外，絕大多數是明、清兩代的版本。其內容也主要是明、清兩代流行的術數，唐宋以前的術數及其書籍，大部份均已失傳，只能從史料記載、出土文獻、敦煌遺書中稍窺一鱗半爪。

術數版本

坊間術數古籍版本，大多是晚清書坊之翻刻本及民國書賈之重排本，其中豕亥魚魯，或而任意增刪，往往文意全非，以至不能卒讀。現今不論是術數愛好者，還是民俗、史學、社會、文化、版本等學術研究者，要想得一常見術數書籍的善本、原版，已經非常困難，更遑論稿本、鈔本、孤本。在文獻不足及缺乏善本的情況下，要想對術數的源流、理法、及其影響，作全面深入的研究，幾不可能。

有見及此，本叢刊編校小組經多年努力及多方協助，在中國、韓國、日本等地區搜羅了一九四九年以前漢文為主的術數類善本、珍本、鈔本、孤本、稿本、批校本等千餘種，精選出其中最佳版本，以最新數碼技術清理、修復版面，更正明顯的錯訛，部份善本更以原色精印，務求更勝原本，以饗讀者。不過，限於編校小組的水平，版本選擇及考證、文字修正、提要內容等方面，恐有疏漏及舛誤之處，懇請方家不吝指正。

心一堂術數古籍珍本叢刊編校小組

二零零九年七月

道光乙未九月

奇門行軍要略

黃仲孝題

奇門行軍要畧自序

夫國家之大事在兵戎尅期命衆存亡所關故孔子之所愼一在於戰蓋以其危而愼之也昔者黃帝有涿鹿之役虔禱而格于天廼降彩鳳啣玉書因命風后煉成奇門四千三百二十局以制勝此奇門之所以有也此奇門之所以專爲用兵而設也後世呂望以奇佐周張良以奇輔漢古之名將在在皆通是道惟今古書已亡而通奇之士竟落落矣伏讀

御定奇門寶鑑序云惜乎隋唐誌所刻諸家今皆不傳豈其秘之不泄耶抑顯晦各有時也宋之仁宗以洗馬維德纂六壬則曰神定經纂奇門則曰符應經今亦不見其全得毋好古之士尚有什襲而藏者乎明之宸濠稱亂王守仁收覽異術乃有李成君者進以奇門眞傳今之所謂李氏奇門者也仇鸞門下士有林士徵者以奇門占兵屢有奇驗錦衣陸炳序其書而傳之人呼爲林氏奇門陶仲文以李林二氏之書參以書謬紊之曰陶眞人遁甲神書蓋勝國

之以奇著見者三家而已矣又曰外俱不得見聞或者名
山石室之藏精光不能終廢更有取而修明者乎庶幾拭
目俟之矣此誠我
朝之羨慕者瀾不敏而酷嗜是道講求已有年所廣搜極索
頗得異聞異見嘗注奇門纂圖鈎原四千三百二十局左
圖右書每局吉凶趨避皆有權輿先言兵而次及乎人事
惜以餬口奔走倘虧一簣茲謹遵
御定奇門寶鑑篇中之言軍旅者參以諸家兵門秘鑰纂而成

書名曰奇門行軍要畧立成格局務求簡而明用而便俾

握權之大人、參贊之君子、隨月隨節隨候隨日隨時隨地

吉者趨之凶者避之一目了然不致有造次不及之虞用

以上報

國家之重任下保軍人之生命以成佐

命之英以守孔聖人所慎之訓不毋藉焉道光十五年歲次

乙未仲秋高明劉文瀾墨池書於潛著書屋

凡例

一是書專爲用兵而輯一切人事畧去以歸簡要

一篇中所錄

御定奇門寶鑑於目錄先行標識

一篇中所輯諸家義理或補圖或添注皆本數十年苦心積
聚廣搜窮索所得理之正者欲以修明是道耳決不敢稍
存臆度凡目錄下書明要畧輯三字

一寶鑑一書得之抄傳與原本是否豕魚無從考對按之方

書多同而義理復條貫至當凡關於兵事者或摘或全敬
錄若干條至詞語奧妙或原義簡畧均難解識者添以小
注
一奇門方刻紛繁了無頭緒兼多隱秘又無貫串是書本諸
古人奥義務求簡明通達用法層次欲顯以出之也
一奇門所用之秘標列卷端條分縷晰平時熟審臨事自然
了悟
一奇門專重格局若臨事始行布演多有不及之虞是書各

格皆于七十二候四千三百二十時演定立成遇事查對憲書節候便知何局何日何時合何吉凶格取用便如反掌矣

一奇門起例本要細考超補接閏各法方為准的茲是書纂集立成定局俾軍營中不事推求按月按節按日時檢閱便知吉凶等格可以省臨時布演也

月家白法不難求 孟月順尋一白起 四孟兌宮四仲艮 四季正月坎間遊 每月一宮須逆替 其餘仿此自研求

孟以為孟仲季 七赤一白與四綠 數至用時為入中 再查九星分凶吉 如寅申巳亥四孟 又 赤起子時子午卯酉日用一白起子時

奇門行軍要畧卷一目錄

高明劉文瀾墨池纂
男伯陽復元
仲陽復生編

向中地丙日　五將方

占風　天罡時

十二月將在方　破軍加時法

破軍加時立成定局　斗杓指方隨時所用

德刑　孤虛

寶鑑天乙時孤

寶鑑背擊

五不擊　趨三

天翻地覆　招搖凶日

八風凶日　風波

白浪　大壓

覆船日　子胥河伯死日

海角經

非首五行起法

甲己化土　乙庚化金　丙辛化水　丁壬化木　戊癸化火

其法以甲己還加甲、乙庚丙作初、丙辛從戊起、丁壬庚子居、戊癸推壬

子時原定不靈、如甲己日，則用甲己還加甲，則加甲於子時，順數至辰得戊，辰戊屬土，所以化土，餘類推、

奇門行軍要畧卷一

高明劉文瀾墨池纂

寶鑑釋六甲出征遠行（行兵發馬初時用以月建旬首甲加青龍排十二支方位要畧補注）

凡出征遠行。先立六甲方所。（先正身立本月旬六甲所在之方）從本月旬甲起。（甲卽青龍方如本月建旬係甲子卽在子起）乘青龍。（由青龍方發足）歷蓬星。（轉到本方）過明堂。（自蓬星行過本方）出天門。（行法時先布定十二支局圜圓過明堂之後卽向天門方行出局外）入地戶。（復從地戶方行入局內）居太陰。（自地戶方轉至太陰方正立而去）然後長往。（先依星方行完卽領兵長往）則百惡不侵。慎不可犯天獄。（庚方）天庭。（辛方）天牢。（壬方）三方。（已上三方不可經遊）

甲即青龍乙即蓬
明堂丙位太陰丁
戊是天门己地户
庚為天獄辛天庭
壬屬天牢華蓋癸
陽孤甲位乙陰星

○六甲旬青龍十二神方位定局

甲子旬青龍甲子 蓬星乙丑 明堂丙寅 太陰丁卯 天門戊辰 地戶己巳 天獄庚午

天庭辛未 天牢壬申 華蓋癸酉 陽孤甲戌 陰孤乙亥

甲戌旬青龍甲戌 蓬星乙亥 明堂丙子 太陰丁丑 天門戊寅 地戶己卯 天獄庚辰

天庭辛巳 天牢壬午 華蓋癸未 陽孤甲申 陰孤乙酉

甲申旬青龍甲申 蓬星乙酉 明堂丙戌 太陰丁亥 天門戊子 地戶己丑 天獄庚寅

天庭辛卯 天牢壬辰 華蓋癸巳 陽孤甲午 陰孤乙未

甲午旬青龍甲午 蓬星乙未 明堂丙申 太陰丁酉 天門戊戌 地戶己亥 天獄庚子

蓋即天藏二

天庭辛丑天牢壬寅華蓋癸卯陽孤甲辰陰孤乙巳

甲辰旬青龍甲辰蓬星乙巳明堂丙午太陰丁未天門戊申地戶己酉天獄庚戌

天庭辛亥天牢壬子華蓋癸丑陽孤甲寅陰孤乙卯

甲寅旬青龍甲寅蓬星乙卯明堂丙辰太陰丁巳天門戊午地戶己未天獄庚申

天庭辛酉天牢壬戌華蓋癸亥陽孤甲子陰乙丑

寶鑑釋出軍對壘將對陣時先行各神方向其衝以擊敵

凡將兵宜出天門入地戶過太陰居青龍駐兵擊其衝百戰百勝如陽一局甲子日甲子時直符直一宮不動出軍戊在一宮即甲子戊即天

(門神)己在二宮。(卽甲戊己卽地戶神。)丁在七宮。(卽丁星奇卽太陰神。)卽領兵從正北出天門。(因甲子戊天門在坎一宮。)轉西南入地戶。(因甲戊己地戶二坤。)由正西過太陰。(丁星奇太陰在兌七宮。)還于正北甲子戊上。是居青龍。擊其衝大勝。(居正北其衝在正南。)

要畧釋曰。此天門地戶太陰方。係從所值陰陽二遁布六儀三奇於九宮。按用時符頭加時于尋上盤天門地戶太陰三神作用尤要分主客星門現例如甲子戊。符戊卽天門。甲戊己符。己卽地戶。餘類推上條六甲出征遠行係以本用月之甲旬方起青龍布地支十二位。

寶鑑釋運籌

運籌法、以楓木爲六籌、長一尺二寸、盛以絹囊、於蝕夜向月祭之。凡急難時、晝地一週、以六爲數、分爲二十四方、從正北子地左旋、一方記一字、分四維八干十二支、卽子癸丑艮寅甲卯乙辰巽巳丙午丁未坤申庚酉辛戌乾亥壬、二十四字環列爲記也。記訖、又以十二支玉女從庚起子、順布于八干四維、布訖、然後左手持六籌、立于本日方上、叩齒三通、卽念下謹請四方神咒畢。以右手取其籌。如訣順序運於支辰之方。每運一籌。大呼其神降臨局所。運籌畢。視兩支甲子之方。先成者爲天門。後成者爲地戸。就從天門方出。又從地戸方入。由本日玉女方出。魁神呵護。凶惡不侵。運籌訣曰。

鼠子行。狗戌竇。牛丑牧。兎卯扞。虎寅蹲。蛇巳窟。兎卯入。牛丑欄。龍辰吟。馬午續。蛇巳蟠。猴申跧。馬午泉。龍辰浴。羊未食。鷄酉飡。猴申升。猪亥屋。鷄酉立。羊未藩。狗戌窺。鼠子出。猪亥伺。虎寅眠。每日一局。週而復始。運籌呼神名。一青龍。二朱雀。三勾陳。四螣蛇。五白虎。六玄武。每呼某神君

降臨局所。順序呼運。週而復始。凡地戶不成。拾第一籌續呼而
運之卽成。其拾籌對天門者開方。對地戶者閉方。
假令子日運籌。本日玉女在庚方。卽從庚上畫地一周。以右手持刀順畫周圍在庭六步。在野六十步。或六百步。或三百六十
步。俱以六爲率。分周圍二十四方。各記四維八干十二支
訖。乃以左手持六籌。立於子地。叩齒三通。面朝各方。祝曰
謹請東方功曹太冲天罡青帝甲乙大神。降於局所。侍衛
我身。　謹請南方太乙勝光小吉赤帝丙丁大神。降于局

所。侍衛我身。　謹請西方傳送從魁河魁白帝庚辛大神。
降于局所。侍衛我身。　謹請北方登明神后大吉黑帝壬
癸大神。降於局所。侍衛我身。　謹請畢。卽以右手取一籌。
念鼠行狗竄。卽走入戌方。將籌運于戌地。大呼青龍神君
降臨局所。轉身行至丑上。又取一籌。念牛牧兎阡。轉身走
入卯方。將籌運于卯地。大呼朱雀神君降臨局所。轉身行
至寅方。又取一籌。念虎蹲蛇穴。卽走入巳方。將籌運于巳
地。大呼勾陳神君降臨局所。轉身行至卯上。又取一籌。念

兎入牛欄。即走入丑方。將籌運于丑地。大呼螣蛇神君降臨局所。轉身行至辰上。又取一籌。念龍吟馬續。即走入午方。將籌運於午地。大呼白虎神君降臨局所。則午與巳兩籌之中。先成天門于丙矣。轉身行至巳上。又取一籌。念蛇蟠猴跧。即走入申方。將籌運于申地。大呼玄武神君降臨局所。地戸不成。又轉身行至戌上。拾第一籌。趨至午上。念馬泉龍浴。即走入辰方。將籌運于辰地。大呼青龍神君降臨局所。則辰與卯兩籌之中。後成地于乙矣。即從丙方出

天門于局外左繞右主將引兵繞行從乙方八地戸由庚方乘玉

女而去則萬神擁護諸惡潛藏此局二孤在丑申二方丑

對天門爲天門開方申對地戸爲地戸閉方餘類推

右謹請四方神咒

寶鑑本無然下閉戊亦有咒祝故此不妨補入

運籌天門地局玉女定局總圖 要畧輯

子　玉女庚
丑　玉女辛
寅　玉女乾
卯　玉女壬
辰　玉女癸
巳　玉女艮
午　玉女甲
未　玉女乙
申　玉女巽
酉　玉女丙
戌　玉女丁
亥　玉女坤
子丑寅　天门丙
卯辰巳　天门庚

布定運籌天門地戸玉女總圖

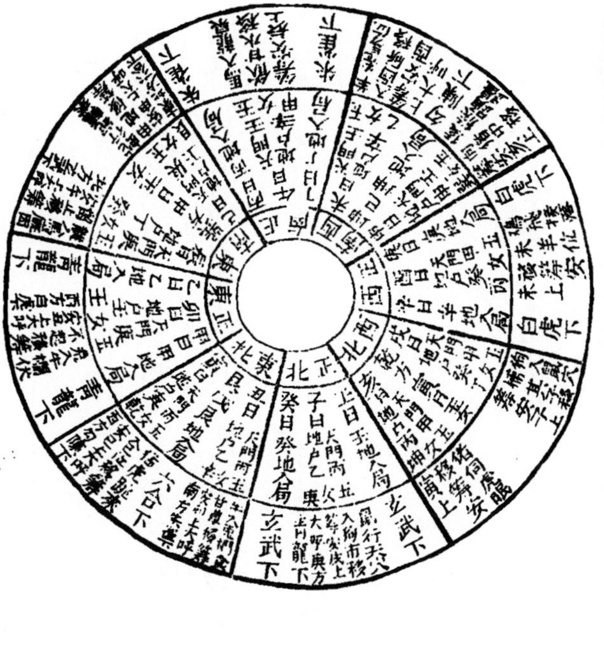

酉戌亥天門甲
奇門會合方出兵
若無奇門怎樣行
陽時天盤值符出
陰從地盤值符行
陽地生合天三奇
出兵陰此〔…〕
門地盤三奇合天生
出此方合方戰爭
陽時利客宜先發
陰時利主宜靜守

寶鑑出兵方

奇門會合之方。可以出兵。若無奇門。陽時宜從天盤值符下出兵是值符加時。時干之宮。陰時宜從地盤值符下出兵。是本時符頭所在之宮。又陽時地盤生門。合天盤三奇。陰時天盤生門。合地盤三奇。皆可出兵。

寶鑑五陽時

甲乙丙丁戊五時爲陽二至皆以此五干爲陽時將兵利爲客宜先舉凡出軍征伐吉惟逃亡難獲經云符使之行一時一易

行陽利爲客蓋陽干受東部之生氣陽時氣升也

寶鑑五陰時

己庚辛壬癸五時爲陰二至皆以五干爲陰時將兵利爲主宜後應凡出軍征伐不吉惟逃亡可獲經云符使之行一時一易行陰利爲主蓋陰干受西部之殺氣也

寶鑑釋止宿閉戊

凡軍行野宿及避難止息皆用閉戊之法、攝伏羣凶布其法用刀從艮上起、艮爲鬼門畫地一周以六爲率、畫畢於旬中戊上取土

以倍六爲之、土從本旬戊上起依訣均之、互相接續、布滿周匝、
然後將刀埋取土之方、回身入中央祝之、即祝下泰山之陽咒遂倘于中、
閉六戊訣曰、　鼠穴土塞　均接虎穴　虎穴土盈　均接龍
門　龍門土埆　均接馬嶺　馬嶺土寬　均接猴山　猴山
土靈　均接狗城　狗城土足　均接鼠窟
假令甲子旬野宿閉戊、用六步爲率、以刀從艮方起手畫
地一周、分爲十二支方位、本旬戊在辰、即于辰上取土一
石二斗、分作六股堆于辰午申戊子寅六方、又先用硃書

六戊符于堆土時各堆分置一符畢、即持刀於辰上念龍門土垧、均接馬嶺、即將辰上土用刀運連午上、又念馬嶺土寬、均接猴山、又將午上土用刀運連申上、又念猴山土靈、均接狗城、又將申上土用刀運連戌上、又念狗城土足、均接鼠窟、又將戌上土用刀運連子上、又念鼠窟土塞、均接虎穴、又將戌上土用刀運連寅上、又念虎穴土盈、均接龍門、又將寅上土用刀運連辰上、周遭一璧壘成矣、即將刀埋辰方取土之土坑中、入中央向坑祝曰、泰山之陽、恒

山之陰、盜賊不起、虎狼伏不侵、行城郭不完、閉以金關、千凶萬惡莫之敢干、祝畢、即於中宿、百神呵護、餘旬倣此、

布六戊圖

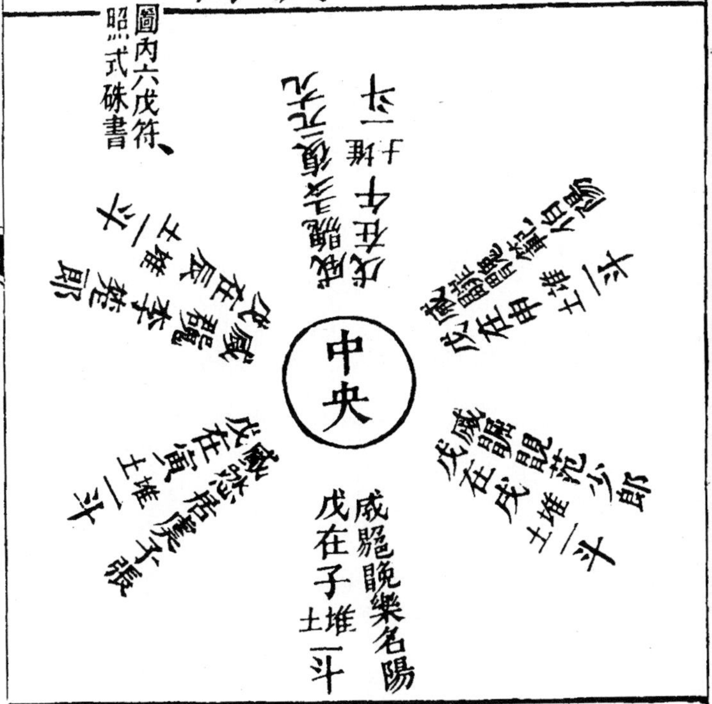

甲子旬日戊在辰、
甲戌旬日戊在寅、
甲申旬日戊在子、
甲午旬日戊在戌、
甲辰旬日戊在申、
甲寅旬日戊在午、
每於本旬戊
上取土並埋刀、

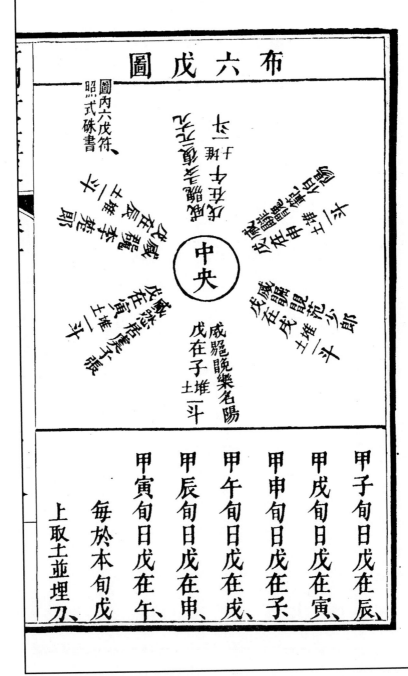

太陰白虎病符
順行地支太陰每
後年支二位白
虎每後四位病
符每後一位如
太陰子年在戌白
虎在申病符
在亥餘類推
一病符二太陰四白虎
每後年支

右六戊符

寶鑑本無然本篇既有咒祝而符式亦不可不備蓋兵門存忘保固不厭此也

寶鑑釋六甲安營 要畧補注

凡安營立寨以六爲法每一人占地六尺量人多少積之俱要合六如六十步六百步之類周圍設壘布成四維八千十二支局式以旬中六甲加支一旬一易（旬中是月建旬中也同上釋六甲出征遠行例）大將居青龍旗鼓居蓬星士卒居明堂伏兵居太陰奇兵居天門（軍門）

陣門亦居天門小將居地戶斬斷居天獄治事居天庭芻糧兵器居天藏天藏即華蓋一說囚俘稂儲居天牢

寶鑑釋鬥戰背向 七條

第一宜背太歲。大將軍凡寅卯辰年在子。巳午未年在卯。申酉戌年在午。亥子丑年在酉。

太歲從子卯午酉順行，抵支三年一移，[illegible]寅

子卯午酉太歲據。起寅順支三年移。若問一歲何處上

第二宜背月建。大將軍凡遇寅午戌月在卯。亥卯未月在子。申子辰月在酉。巳酉丑月在午。

月建大將軍。每在馬下八位。寅午戌馬在申

餘類推

第三宜背孤擊虛。凡甲子旬戌亥孤。辰巳虛。甲戌旬申酉孤。寅

卯虛甲申旬午未孤子丑虛甲午旬辰巳孤戌亥虛甲辰旬寅
卯孤申酉虛甲寅旬子丑孤午未虛

第四背游都擊魯都凡甲己日游在丑魯在未乙庚日遊在子
魯在午丙辛日遊在寅魯在申丁壬日游在巳魯在亥戊癸日
游在申魯在寅

游都魯都順行念四 甲己丁壬後四前十 乙庚丙辛後八前六 戊癸二日後十前四 後殺為游 前殺為魯

第五背天雄擊地雌凡寅午戌月雄在寅雌在申亥卯未月雄
在亥雌在巳申子辰月雄在申雌在寅巳酉丑月雄在巳雌在
亥○

甲己遊丑乙庚子 丙辛寅位丁壬巳 戊癸游都必在申
對魯都君須記

生神死神何所取
起寅順行十二支
後二為生前四死
攜月推尋即可知

干將干魯若何行
正月為首二月丁
三坤四庚五辛位
六乾七壬八癸官
九艮十甲冬月乙
丑將巽位魯逢冲

第六背生神擊死神寅月生子死午卯月生丑死未辰月生寅死申巳月生卯死酉午月生辰死戌未月生巳死亥申月生午死子酉月生未死丑戌月生申死寅亥月生酉死卯子月生戌死辰丑月生亥死巳

干將起月建順行廿四方每在前七位對冲干魯藏

第七背干游擊干魯寅月游丙魯壬卯月游丁魯癸辰月游坤魯艮巳月游庚魯甲午月游辛魯乙未月游乾魯巽申月游壬魯丙酉月游癸魯丁戌月游艮魯坤亥月游甲魯庚子月游乙魯辛丑月游巽魯乾

干將起寅順行二十四方每在月建前七位干將對冲即是干魯

旺相休囚定例歌

而我同行即為相
我生之月誠為旺
廢於父母休於財
囚於鬼兮真不妄

比我比和者為相
我生者為旺
生我者為廢
剋我者為囚
我剋者為休

寶鑑旺相休囚

春木相火旺水廢金囚土休。　夏火相土旺木廢水囚金休。

秋金相水旺土廢火囚木休。　冬水相木旺金廢土囚火休。

寶鑑神將條欵摘錄

天目　甲布旬之庚

甲子旬庚午（子旬刑寅）甲戌旬庚辰（戌旬刑子）甲申旬庚寅（申旬刑寅）甲午旬庚子（午旬刑申）甲辰旬庚戌（辰旬刑午）甲寅旬庚申（寅旬刑辰）又云春乙夏丁秋辛冬癸

本旬之庚為天目
本旬之戊地耳名
馬前一位時中將
馬前二位月將軍

地耳 即本旬之戊

甲子旬戊辰甲戌旬戊寅甲申旬戊子甲午旬戊戌甲辰旬戊申甲寅旬戊午 六甲旬是本用時之甲旬也

要畧曰凡偷營刦寨破賊及報應事情從天目地耳上入敵營寨人不知鷄犬不鳴又從地耳入從天目出又從六甲旬頭之丁方爲太陰方入亦人不知犬不吠如甲子旬陰丁卯之類

四時月將偷營法 要畧輯

甲子將戌爲天不知亥爲地不知辰爲人不知巳爲鬼不知
己卯將丑爲天不知亥爲地不知酉爲人不知申爲鬼不知
甲午將未爲天不知申爲地不知亥爲人不知卯爲鬼不知
己酉將辰爲天不知巳爲地不知卯爲人不知亥爲鬼不知

右偷營刦寨之法也如我營寨當于各旬中預防其方有
敵來偷刦宜先伏兵在利道以守之若敵來此方我卽起
伏兵背利道以擊之自得勝算此在爲主將者平時緒煉
奇機明白調遣之法也

以月將加正時卯今
月用事之將數到亥為
亭亭數到寅午戌為
白奸

天馬方

以月將加本時。即日今用事之時。數到卯字上即是。卯是大沖。又曰天馬。

又曰天三門。

乙 巽 丙 丁 坤 庚 辛 乾 壬 癸

辰 巳 午 未 申 酉 戌 亥 子 丑

天罡 太乙 勝光 小吉 傳送 從魁 河魁 登明 神后 大吉

功曹 大沖 天后

亭亭白奸

以月將加正時。（寅 卯甲）視神后所臨為亭亭方。功曹勝光河魁所臨為白奸方。二神常合于巳亥。格於寅申。合時宜戰。格時宜守。餘時背亭亭擊白奸。無不勝也。

太歲

地盤歲支之宮 先布定十二支方位以本年支即太歲也

月建

一名地實。一名小時。經日能知地實。萬事無殆。宜背之。

太陰 八神乃直符 螣蛇 太陰 六合 勾陳 玄武 九地 九天

八神之太陰宮也。一云即玉女方。本甲旬之丁宮。丁爲玉女。

時中將星 申子辰。馬居寅。巳酉丑馬居亥。亥卯未馬在巳。寅午戌馬居申。於時中將星。即馬之下位。如馬寅。則將卯。馬亥。則將子。類推。

申子辰日卯時。巳酉丑日子時。亥卯未日午時。寅午戌日酉時。

已上五星俱宜背之

火局東方木局南
水局西方金北陰
五將之方不可向
犯之必敗避吉祥

四神

凡出陣日。勿令魁罡蛇虎四神。臨於將軍本命。日辰亦須避。四神所在。尤忌出入。

向中地丙日 要畧曰以月建旬起日本旬中忌用此日也

甲子旬寅日。甲戌旬子日。甲申旬戌日。甲午旬申日。甲辰旬午日。甲寅旬辰日。將兵不可用。犯之上將死。

五將方 要畧曰五將五帝同方又曰五將天獄方

寅午戌月東方。亥卯未月南方。申子辰月西方。巳酉丑月北方。

爲五將方。凡遇敵必審五將方所在避之大吉。决不可向。如犯之必敗。敵若從此方來。當引軍擇利方擊之必勝。

占風

急臨敵時後有風漸急則須速乘其勢若有風從左右來或前來即宜勒兵向風來之處必有伏兵

天罡時　天罡所在之方宜向不宜坐訣曰首坐貪狼向破軍破軍即天罡也

以月將加用事之時視上盤天罡所臨之方爲斗罡方不忌一百二十位凶神惡煞行兵破陣必勝所用皆吉

假令五月午時申將小滿後月將在申加午時以申加午順數至寅數至寅上

得辰辰爲天罡天罡加寅宜向寅方出行大利戰必勝凡事吉

十二月將在方要畧輯以月將加本用時

正月雨水後至京直終亥將　二月春分後至淸明終戌將

三月谷雨後至立夏終酉將　四月小滿後至芒種終申將

五月夏至後至小暑終未將　六月大暑後至立秋終午將

七月處暑後至白露終巳將　八月秋分後至寒露終辰將

九月霜降後至立冬終卯將　十月小雪後至大雪終寅將

十一月冬至後至小寒終丑將　十二月大寒後至立春終子將

破軍加時法尋貪武輔三吉入中宮號三聖人登殿能壓一切凶煞凡戰宜坐貪狼向破軍攻打更得三吉入中宮全吉

月將常加用時順尋到辰卽爲破軍隨破軍所臨之宮照破輔弼貪巨祿文廉武順輪九宮如得貪輔武三星入中宮爲聖人登殿所向卽前所攻必破立成定局于左

正二三四五六七八九十十一十二

輔
子亥戌酉申未午巳辰卯寅丑
丑子亥戌酉申未午巳辰卯寅
入中宮

貪卯寅丑子亥戌酉申未午巳辰
辰卯寅丑子亥戌酉申未午巳入中宮

武午巳辰卯寅丑子亥戌酉申未
未午巳辰卯寅丑子亥戌酉申入中宮

右圖每月以中氣太陽過宮（太陽即月將也）方用此月將加時如正月雨水後至京直節終亥將所管凡子丑時輔星入中宮卯辰時貪狼入中宮午未時武曲入中宮俱合三聖登殿時餘月各時倣此

斗杓指方隨時所用（要畧輯注）

天罡指巳天地開。（月將加時尋天罡至巳為天地初開）出軍行師任徘徊。（用兵大勝開地千里指午坐帳宜彈琴。指午爲天地縱橫不宜出軍坐帳彈琴吉指未小通亦可裁。天地小通出軍亦吉指申廸爭君須忌。天地爭廸之時用兵須忌指酉人馬受驚駭。天地閉塞之時車傷馬損戰大凶返來戌上指乖隔。出軍主士卒乖隔傷和加亥天罡不稱懷。用軍主損傷驚恐指子半路魂魄散。行至半路魂魄不安指丑途宿待明來。爲小通出軍三十里停止待明日方任意而行必獲大勝臨寅有喜戰獲勝。行者有喜戰必大勝到卯閉塞宜藏埋。爲天地閉塞宜藏匿避之則吉凡事不宜復臨辰地關梁塞。關梁閉塞只可安營下寨不可妄動掌上兵機仔細排。

德刑 冬至子 夏至午 立夏辰 立冬戌 春分卯 秋分酉 立春丑 立秋未 以上乃八節本方非本方向前數四位即落對冲為刑

秋分春分
冬至夏至
立春立秋
立夏立冬
子午卯酉
辰戌丑未
对冲為刑

德刑歌

子德秋分午德春
立冬在丑立春辰
夏至酉兮冬至卯
立秋戌夏未推尋
立夏未兮[illegible]不[illegible]

冬至德夘刑酉　夏至德酉刑夘　立夏德未刑丑　立冬德丑刑未
春分德午刑子　秋分德子刑午　立春德辰刑戌　立秋德戌刑辰

孤虛

年月日時俱以前一位空亡爲孤對衝爲虛如子年月日時亥爲孤巳爲虛萬人以上用年孤千人以上用月孤五百人以上用旬孤百人以上用日孤數十人以上用時孤宜坐孤向虛擊可以取勝

寶鑑天乙時孤天乙即六甲爲六十時旬[illegible]

年月日時皆有孤惟時孤最驗凡興師從孤上出轉虛復入坐
孤擊其對衝之虛方必勝

寶鑑背擊

寅午戌月雄在寅亥卯未月雄在亥巳酉丑月雄在巳申子辰月雄在申時冲為雌只論月

凡戰宜背生擊死背孤擊虛背雄擊雌背德擊刑背亭亭擊白
奸宜坐三勝宮宜避五不擊又宜趨三避五背天目擊地耳又
宜背遊都太歲大將軍太陰月建河魁避地丙急則從天馬方
出又甲乙日不西攻壬癸日不攻四維丙丁日不北攻庚辛日
不南攻戊己日不東攻又不可以圍攻相以死攻生又春不東

伐。夏不南征。秋不西伐。冬不北征。

五不擊

直符　直使　九天　九地　生門五宮也

趨三　趨即向也向此方而進兵攻敵也

直使到震宮震三宮也宜向之一說生氣所在方雖不合奇門亦宜趨之

避五

直使到五宮宜避之一說死氣所在之方即合奇門宜避之

寶鑑三勝地要畧補注

直符九天生門也大將居直符擊對衝陰遁陰時（即一卷之五陽時也）宜背地下直符宮（本局地盤之直符宮）陽遁陽時（即一卷之五陰時也）宜背天上直符宮（本用時旬頭值符加時干之宮）爲第一勝我軍居九天之上（直符八神之九天方）而擊其冲敵不敢當我之鋒爲第二勝生門合三奇大將引軍背生擊死（生即本局之生門死即本局之死門）陽時用天上乙丙丁陰時用地下乙丙丁（天上三奇即值符加時于布九宮看三奇所到之宮地下三奇即本局所布之地盤三奇所到之宮是也）爲第三勝一說背亭亭擊白奸（亭亭例在上卷）爲第一勝地亭亭者天之貴神

可背不可擊白奸者天之奸神可擊不可背背生門擊死門為
第二勝地謂生門與死門相對故背吉而擊凶背月建擊對衝
而第三勝地蓋生神隨月建而行其對冲為死神故背建擊衝
可以制勝

寶鑑涉險法

三元經曰若涉險危之中山崖水澗之際兵不得移轉敵從利
方上來即看天時如陽時即一卷內五陽五陰時法即令士卒袒前左肩引
聲大呼鳴鑼擊鼓先舉而擊之若陰時令士卒啣枚摘鈴靜以

待之敵人若四面合圍當分軍爲三部一居月建上一居月德上一居生門上大將居亭亭上引兵擊之大勝

寶鑑出入山中法

伍子胥曰凡入山以天輔時奇門合處入。出山以明堂時即青龍例之第三星奇門合處出。大吉。

要畧釋曰山路若止一處可入須擇天輔時又奇門適臨此方道乃可入更得奇門合吉格臨此方更吉出山亦當如是

甲己丁壬
巳巳甲辰
乙庚戊癸
甲申甲寅
丙辛甲午
天輔時辰
凡甲己日巳巳時為天輔
壬壬日甲辰為天輔餘類推

天輔時 要畧輯

甲巳日 巳巳時　乙庚日 甲申時　丙辛日 甲午時

丁壬日 甲辰時　戊癸日 甲寅時

主客論 要畧輯

姜太公曰凡主客動靜變化莫測故主客有不定之象或以先動爲客後應爲主或以靜爲主以動爲客或以先聲爲客後聲爲主或以天盤爲客地盤爲主諸事皆有用訣成敗勝負皆以主客爲之緊要也

如出兵動衆以我爲客至彼地方或賊窠處或賊所侵之城廓爲主如在此時對陣或不在此時對敵再又分主客也

如此時交鋒若利客爲客者宜先耀揚威放炮响喊此時若利主爲主者惟宜後應偃旗息鼓禁聲而出埋伏取勝

凡發兵往戰賊窠遠近或發兵一時交戰或不動或此時交鋒則與發兵時已遠當不以此發兵時分主客只以臨敵之時看我爲主客取利時而冲敵也

如此時主客不利只宜固守倘若急迫或被圍困則依上條涉

險法分兵作三部以應之用運籌法與乘天馬方以出皆可保
全軍士之命如天盤星尅地盤星在四時旺相日見本色雲氣
在其方來助利客兵勝如地盤星尅天盤星在四時旺相日有
各方本色雲氣從其方來助利主兵勝

右本色雲氣者一白二黑三碧四綠五黃六白七赤八白
九紫之色也天蓬卽一白之類

統軍要論 要畧輯

古之出師先布式觀其陣之變化虛實方與命將今之將遠賊

窠數十里或百餘里外安營令鄉導探賊情之進退虛實或不入險地或見其形式急回報有賊多小或在遠近不計路之多小主將一聞其信又不按日時之吉凶主客之用法急令士卒至彼地方或賊逃避或賊埋伏或賊相撞士卒一見賊來遠一二百步或遠三五百步自畏性命不能前進望將大器空手已於其事而退或遇冲敵畏懼之不暇安望其張弓駕矢以迎敵哉須有奇異陣法妙藏主將心中也

經曰天地合其德日月合其明四時合其序鬼神合其吉凶此

理重在日時時者乃天地萬物始終一切之主有能為參贊知演奇門遁甲吉凶格局趨避有法進退有門分利主客用兵取勝治亂安危之要訣也

主客用法要在發兵立營日時為始遁演符使逐日逐時用星門飛布逢某星奇儀八門於某宮合某遁格吉凶與主將本命行年大運甲子旬命一歲起丙寅。二歲丁卯。順行六十年。看現年行運也。又甲戌旬一歲起丙子甲申旬命一歲起丙戌甲午旬命一歲起丙申甲辰旬命一歲起丙午甲寅旬命一歲起丙辰俱順行一年一花甲利於何日時戰或賊何日時來偷營何日時用兵埋伏何方如法擊之主將本命行年遇凶格門廹或臨墓絶之宮或軍中所忌觀看日月星辰風雲雷雨虎豹馬獸雞犬兎鹿等項各有吉祥但有異聞異見即以此時遁演看合吉凶等格如遇惡格急宜移營若遇吉格利於征討如彼衆我寡或被圍困當用運籌閉戊等法玉女諸神助力此爲鬼神合其吉凶也

凡行兵預算晴雨風雷選吉日吉時不待臨時悮用或所攻之地遠近先令鄉導究其何處可以安營何處可以進殺何處可以埋伏何處可以荅殺也

夫將兵同爲一心則百戰百勝然令北將南兵或南將北兵或新募之卒令之所謂民壯者遽令就敵從來未經操練不知金鼓號令必至進退無次乃兵家失規之大病也

凡出兵當查選兵中有能知地理或知卜算熟識五行生尅之理等色人取在營中以便差使如行路以各色旗爲號論定遇高崗舉某色旗遇深陷舉某色旗遇狹道舉某色旗或遇賊來或遇埋伏舉某色旗遇河道舉某色旗先立號爲定則兵卒知其緩急以便進止再令各執九星八門旗各依星名蓬芮冲輔

禽心柱任英與休生傷杜景死驚開爲號作五方五色衣甲與旗一樣以便兵隨旗轉也如來日發兵到某地方查路之遠近宜於某時叅贊預令某領兵官執某旗則某色士卒隨某旗某門到某方扎任如此日此時遁格列成陣勢主將至此登壇調度此是爲陣法也自立營日時爲始查算星儀符使門宮看大運奇門小則九日一運輪一宮中則九月輪一宮大則九年輪一宮陽遁順運陰遁逆運以値符加時干之宮起初運也日時利於某方某官兵命合爲冲鋒某官兵命合爲招安某官兵命合爲接應某官兵命合爲埋伏某方某官兵命合爲固守

此以揚聲吶喊而敵或禁聲暗出以旗為號官兵執某旗招搖從某方向出則士卒隨旗進勦逐一輪班而行到彼交鋒之際又查此吉凶等格利為主抑利為客或先强後弱勝不可攻如先弱後强守而後勦權輿在乎一心方合取勝之道此用兵之要務也

人為萬物之靈感通諸事之應在我天機一時之觸動皆可推也要知兵勝負於出師動衆發馬立營為始逐日查算利於何日時交鋒得勝何日時賊來何方看局內天盤甲寅癸所臨之方與直符側玄武神所臨之

天盤甲寅癸
值符玄武神
此方為賊地
推算必須真

四局首支為長
生逢病印馬逢
死即為特中將星
逢沐浴為月建
將軍

四局首支為長生
逢病印馬是真宗
特中將星乃死位

方為賊何日時埋伏兵於何處以旬頭青龍劍之華蓋方埋伏兵也何日時成功奏凱皆在一時之觸動而預推也

置陳法要畧輯補用注

置陣之法用本日日干之五行為布陣之式如甲乙日布直陣丙丁日布銳陣戊巳日布方陣庚辛日布圓陣壬癸日布曲陣

用法　直木　銳火　方土　圓金　曲水

直陣背西北亥方長生擊東南辰巳衰病或背正東卯方為旺擊西南未申墓絕又銳陣背東北寅方長生擊西南未申衰病或背正南午方為旺擊西

建將軍沐浴宮

天干長生墓絕馬空例歌 一

甲亥乙午丙戊寅

丁巳酉生庚巳尋

辛子壬申癸在卯

陽馬在病陰胎論

北戌亥墓絕又方陣背西南申方長生擊東北丑寅衰病或背正北子方爲旺

擊東南辰巳墓絕曲陣一體仿用爲主將者知此運用則百戰

百勝矣 陽順陰逆須記真

甲亥乙午丙戊寅 丁巳酉生庚巳尋 辛子壬申癸在卯

十干長生墓絕定例 大將本命行運切忌臨墓絕方有者宜避之

甲木生亥 墓未 絕申　乙木生午 墓戌 絕酉　丙戊生寅 墓戌 絕亥

庚金生巳 墓丑 絕寅　辛金生子 墓辰 絕卯　丁巳生酉 墓丑 絕子

壬水生申 墓辰 絕巳　癸水生卯 墓未 絕午

時干入墓 不宜舉兵動衆凡十干中除甲乙庚辛無入墓之時餘干俱有也

從本干長生順數至墓所臨之支此日即為時干入墓

戊戌　壬辰　丙戌　癸未　丁丑　己丑　此六時爲墓時

三奇入墓　主消威退權

乙臨坤二丁臨艮　丙入乾宮無威福

六儀擊刑主將命運之三刑方勿往。此方有敵來速避之爲吉。

子符加三宮刑午卯子爲三刑戌符加二宮刑丑未戌爲三刑申符加八宮刑寅巳申爲三刑。午符加九宮刑辰午酉亥四支自相刑。辰符加四宮刑辰刑辰。寅符加四宮刑寅刑巳。

天綱

六癸（丑卯未巳酉亥）時是也。宜堅守老營、不可妄動

地綱

即六壬（子寅辰午申戌）時也。宜照直符方高梯過之遇此者難可脫逃

凡事勿用更不利出軍

要畧釋曰天地綱又有尺寸高低之格。天上癸符臨一二三四五宮爲尺寸低。如在圍困中宜低腰手負肩出。（自發足時作如是像急奔六十步而走吉）天上癸符臨六七八九宮爲尺寸高。宜固守勿動出。極凶。即天綱四張也。

直符直使演卦例
地盤直符宮為內
天盤直使外卦宜
行軍以此定主客
陣勢去向由此推

門方演卦例
門為外卦宮為內
一切異兆用是推
察聽來意起路遠
卜其休咎細根追

寶鑑奇門演卦 要畧纂注

奇門演卦其法不一。有以直符直使合而成卦者。直符之本宮為內卦與直使飛加時支之宮為外卦兩宮合而成一卦 有以八門共八宮合而成卦者。門為外卦宮為內卦 二者所用不同。其符使所成之卦。遇軍兵對壘用之以定主客之雌雄。陣勢之得失。用兵去向之通塞。俱可用此以推之。其門方所成之卦。可以尅路應察來意。一切異兆皆可用是而預卜其休咎焉。

直符直使演卦例

其法以地盤直符所在之宮爲內卦。天盤直使所臨之宮爲外卦。假如陽一局甲戌旬辛巳時。此時地下直符在坤二宮。天上直使離九宮。卽演成火地晉卦也。餘例推

門方演卦例

其法以八方定位爲內卦。所臨之門爲外卦。假如陽一局丁卯時。此時休門直使到巽四宮。則東南卽爲水風井卦。死門到乾六宮則西北卽爲地天泰卦傷門到兌七宮則正西卽爲雷澤歸妹卦杜門到艮八宮則東北卽爲風山漸卦開門到離九宮

則正南即爲天火同人卦驚門到坎一宮則正北即爲澤水困卦生門到坤二宮則西南即爲山地剝卦景門到震三宮則正東即爲火雷噬嗑卦餘倣推一時有八卦而所用止一卦如尅路應只看所去方上之卦卜來人惡善（敵人來使說事真僞）何方响動即看其方之卦卜鴉噪並一切怪異即看其方位之卦是也

主客雌雄（看卦爻之世應以應爻爲主以世爻爲客）

世尅應應生世利爲客宜先動應尅世世生應利爲主宜後應世空（世爻遇旬空亡）客兵不進應空（應爻遇旬空亡）主兵不前世衰應旺客弱

主強應衰世旺客勇主怯世應比和不戰戰亦不分勝負若世

應俱受月日之傷尅多敗

陣勢得失要畧補義

我爲客則以應爲彼今日我適爲客用世爻爲我應爻爲敵人蓋彼居主也我爲主則以

世爲彼今日我適爲主則應爻爲我世爻爲敵人蓋彼居客也我尅彼宜戰我勝彼尅我宜

守我生彼而傍爻並月日傷彼者宜奇兵以勝彼彼生我而傍

爻併月日傷我者宜防賊兵來侵我彼彼者敵人所認之爻也乘火我我者

我所値之爻也乘水利於水戰彼乘金我乘火利用火攻又我金彼木

宜排圓陣用白旗金命人前出可以制勝我火彼金宜排銳陣用紅旂火命人前出可以決勝我土彼水宜排方陣用黃旂土命人前出可以大勝我木彼土宜排長陣用青綠旂木命人前出可以全勝如剋彼之爻居離宜從南擊北居兌宜從西擊東居坎宜從北擊南月日助我則吉助彼則我凶月日傷助者月日干支之五行或剋傷或生比幇助也

已上　寶鑑論陣勢得失法皆憑五行之生剋制化妙理以取勝然所言者皆係我剋彼之用法如遇彼剋我者又

當變法以生剋取勝矣擬法如左

要畧曰我乘火彼乘水。當排方陣用黃旂土命人前出可以制勝。火生土。土剋水。以子孫制殺。即遁甲之用丙丁奇以制庚之法也我乘金彼乘火當排曲陣用黑旂水命人前出可以決勝又我木彼金當排銳陣用紅旂火命人前出可以大勝我水彼土當排長陣用青綠旂木命人前出可以必勝我土彼木當排圓陣用白金命人前出可以全勝此生剋制化之道也

六十四卦世應花甲五行立成定例要畧輯凡奇演出之卦查卦名對看便知

世應並
五行

乾爲天 上九壬戌土世 九三甲辰土應　天風姤 初六辛丑土世 九四壬午火應

天山遯 六二丙午火世 九五壬申金應　天地否 六三乙卯木世 九六壬戌土應

風地觀 六四辛未土世 初六乙未土應　山地剝 六五丙子水世 六二乙巳火應

火地晉 九四己酉金世 初六乙未土應　火天大有 九三甲辰土世 上九己巳火應

坎爲水 上六戊子水世 六三戊午火應　水澤節 初九丁巳火世 六四戊申金應

水雷屯 六二庚寅木世 九五戊戌土應　水火既濟 六三戊午火世 上九己巳火應

澤水革 九四丁亥水世 初九己卯木應　雷火豐 六五庚申金世 初二己丑土應

地火明夷 六四癸丑土世 初九巳卯木應

艮為山 上九丙寅木世 六二丙午火應

山天大畜 九二甲寅木世 六五丙子水應

火澤睽 九四巳酉金世 九二丁卯木應

風澤中孚 六四辛未土世 丁巳火應

震為雷 上六庚戌土世 六三庚辰土應

雷水解 九二戊辰土世 六五庚申金應

地風升 六四癸丑土世 初六辛丑土應

地水師 六三戊午火世 上六癸酉金應

山火賁 初九巳卯木世 六四丙戌土應

山澤損 六三丁丑土世 上九丙寅木應

天澤履 九五壬申金世 九二丁卯木應

風山漸 九三丙申金世 上九辛卯木應

雷地豫 初六乙未土世 九四庚午火應

雷風恒 九三辛酉金世 上六庚戌土應

水風井 九五戊戌土世 九二辛亥水應

澤風大過 九四丁亥水世 初六辛丑土應

澤雷隨 六三庚戌土世 上六丁未土應

巽爲風 上九辛卯木世 九三辛酉金應

風天小畜 初九甲子水世 六四辛未土應

風火家人 六二己丑土世 九五辛巳火應

風雷益 六三庚辰土世 上九辛卯木應

天雷无妄 九四壬午火世 初九庚子水應

火雷噬嗑 六五己未土世 六二庚寅木應

山雷頤 六四丙戌土世 初九庚子水應

山風蠱 九三辛酉金世 上九丙寅木應

離爲火 上九己巳火世 九三己亥水應

火山旅 初六丙辰土世 九四己酉金應

火風鼎 九二辛亥水世 六五己未土應

火水未濟 九三己亥水世 上九己巳火應

山水蒙 六四丙戌土世 初六戊寅木應

風水渙 九五辛未土世 九二戊辰土應

天水訟 九四壬午火世 初六戊寅木應

坤爲地 上六癸酉金世 六三乙卯木應

地澤臨 九二丁卯木世 六五癸亥水應

雷天大壯 九四庚午火世 初九甲子水應

水天需 六四戊申金世 初九甲子水應

兌爲澤 上六丁未土世 六三丁丑土應

澤地萃 六二乙巳火世 九五丁酉金應

水山蹇 九三丙申金世 上九戊子水應

天火同人 九三己亥水世 上九壬戌土應

地雷復 初九庚子水世 六四癸丑土應

地天泰 九三甲辰土世 上六癸酉金應

澤天夬 九五丁酉金世 九二甲寅木應

水地比 六三乙卯木世 上九戊子水應

澤水困 初六戊寅木世 六四戊申金應

澤山咸 六二丙午火世 九五丁酉金應

地山謙 六四癸丑土世 初六丙辰土應

雷山**小過**九四庚午火世
初六丙辰土應

雷澤**歸妹**六三丁丑土世
上六庚戌土應

三元一氣三元乃分上中下三元也以甲己二干爲一元之首謂之符頭符頭所臨之支值子午卯酉爲上元寅申巳亥爲中元辰戌丑未爲下元

一年二十四氣一氣三候一候五日故五日爲一元一氣之中凡統三元而六十花甲之時一周一年計七十二候一候六十時共四千三百二十時局亦如之

陽遁十二節氣分上中下歌順六儀。逆三奇。而入門九星俱順布。

冬至驚蟄一七四、小寒二八五相隨、大寒春分三九六、

芒種六三九是儀、穀雨小滿五二八、立春八五二相宜、

淸明立夏四一七、雨水九六三爲期、

陰遁十二節氣分上中下歌逆六儀。順三奇。而九星亦逆布惟八門逆加時支順布八門也

夏至白露九三六、小暑八二五隨之、大暑秋分七一四、

立秋二五八循環、霜降小雪五八二、大雪四七一相關、

處暑排來一四七、立冬寒露六九三、

九星

九星分野歌
天蓬兗（兗）州天芮梁
沖徐禽豫輔荊驅
心房冀州天柱雍
天任青野天英揚

天蓬貪狼 天芮巨門 天沖祿存 天輔文曲 天禽廉貞 天心武曲 天柱破軍 天任左輔

天英右弼 九星歌 天蓬天芮与天沖 天輔天禽五位星 六是天心七天柱 八為天任九天英

六儀 蓬印貪狼芮巨門。天沖印是祿存神。輔為文曲天心武。禽是廉貞柱破軍。右輔天任英右弼。星同名皆說於君

甲子戊 甲戌己 甲申庚 甲午辛 甲辰壬

甲寅癸 丁星奇 丙月奇 乙日奇

八門 八門爲直使。自地盤直符宮起飛加時支所臨宮之上爲直使。每隨時支奔也。凡八門應加五宮者。陽順

超乾陰 逆跳巽

休坎 生艮 傷震 杜巽 景離 死坤 驚兌 開乾

八神陽遁順排八宮陰遁逆排八宮俱從後天八卦次序排布直符飛加地盤時干所臨宮之上爲直符常隨時干轉也

直符一 其數八　螣蛇二　太陰三 其數九　六合四 數六七　勾陳五 數七五一

玄武六 數四九　九地七 數六三　九天八 數一六

寶鑑以旬首取符使法

旬首者從用時干溯至本旬之甲首。如乙丑至癸酉皆以甲子爲旬首。乙亥至癸未皆以甲戌爲旬首是也。地盤旬首所臨之宮其星即爲直符。其門即爲直使。如旬在坎宮則天蓬星爲直

符休門爲直使餘倣此

假令陽遁一局甲子在坎宫天蓬在本旬爲直符休門在本旬爲直使管至癸酉十時又换符使甲戌在坤宫天芮爲本旬直符死門爲本旬直使管至癸未十時又换符使甲申在震宫天冲爲本旬直符傷門爲本旬直使管至癸巳十時又换符使其甲午在巽天輔爲符杜門爲使甲辰在中宫天禽爲符死門爲使中宫無門借死門爲使甲寅在乾天心爲符開門爲使餘倣此

寶鑑直符加時干法。

看用時之干臨於地盤何宮卽以天盤直符加於此宮

假如陽遁一局甲子時。則以天蓬爲直符。而加甲於一宮所謂伏吟者也。若用乙丑時則地盤乙在九宮。卽以天蓬加九宮。丙寅時則地盤丙在八宮。卽以天蓬加八宮。丁卯時則地盤丁在七宮。卽以天蓬加七宮。餘倣此。陰遁亦然。

寶鑑直使加時支法。

看用時之支臨於地盤何宮卽以天盤直使加於此宮

假如陽遁一局甲子時。子在一宮休門亦在子上。卽所謂伏吟者也。丑時則休門加於二宮。寅時則休門加於三宮。卯時則休門加於四宮。餘倣此。陰遁用逆布九局。甲子時子在九宮。景門卽在九宮。丑時景門卽在八宮。寅時景門卽在七宮。餘倣此。

九宮星門天地兩盤主用 要畧輯

九宮者洛書九疇之定位。一白坎水休門天蓬星。二黑坤土死門天芮星。三碧震木傷門天冲星。四綠巽木杜門天輔星。五黄無門天禽星。六白乾金開門天心星。七赤兌金驚門天柱星。八白艮土生門天任星。九紫離火景門天英星。此九宮之星門也。此六儀三奇之隨三元陰陽十八局遍布而曰地盤。六十時一換。體雖靜而用最要。蓋地盤爲主。臨宮生旺有氣則吉。衰死剋戰則凶。在用時干尋六甲值符加於時干而爲天盤。六儀三奇飛布九宮生地盤爲主吉。剋地盤爲主凶。地盤奇儀剋天盤奇儀。主利客衰。地盤奇儀生天盤奇儀。主退客益。再詳看遁格吉凶門宮迫制。在乎五行生旺囚衰墓絶之理變化而推之。

凡用取時要准

凡臨機布局專重於時必先考准時候方有奇驗不然則吉凶不得而知矣

臨時方位要真

奇門九宮各宮吉凶不同而趨避各有其方必先准定八方與十二字位則背向有主不然何以知三勝地五不擊之諸法以爲權輿也

水軍戰論

水軍之戰有異於陸兵因水軍專重炮火故占上風爲致要奇門風遁格五符例之風伯風雲星平日宜煉主將者不可不知用舵之法與轉蓬之方遇交炮時主將不可稍離柁兵或自把柁更妙親操戰鼓賊在我下風我則順風勢張炮以擊之如賊占我上風我急宜抽蓬轉舵勿近上風之賊船若我船抽占上風卽急近賊船急施大炮總以占上風爲主也其次又知潮水上下我船在上水乘順流以擊下流逆來之船則勢易若賊乘上水我乘下水賊船乘流而下我船速宜轉舵避之俟其船前我後則我得其上水矣遇風順

水逆猶可對炮若風水俱逆賊來自上風上水追廹我船我宜
抽蓬之字繞走賊必要如我抽蓬方能廹我賊既抽蓬則一轉
舵而非順風順水之勢其與我船是等耳此避順風順水賊船
追廹之法在平素講習操演爲要至背擊方與三勝斗罡天輔
各法在洋面寬廣更易於趨向是取勝之把握而水軍者豈可
畧此乎車船施炮封舵法轉運進退如飛但其式非親督造者不可筆不能盡其法也　要畧記

造戰船宜忌造船之澳坑坐向宜選本年月日大利方如造宅一體論凡神殺查　協紀辨方書便識
宜天恩月恩天德月德天月二德合要安定日成日

忌天賊火星受死滅沒天翻地覆執日破日

蓋蓬豎桅

宜三合生炁支德要安定成日忌天火天賊八風危破日

推船下水與出行同宜依首篇寶鑑六甲出征遠行法先看准水面上十二方向遁得本月旬或本日旬之六甲在船坐方推船下水卽將船歷蓬星過明堂出天門入地戶泊居於太陰方然後修一切船面上各物既脩而新船出行日時須擇斗罡所方去或遁合奇門並天月德二合等吉在船頭去方吉

宜飛天騟馬天馬天德月德天月德合四相要安定平成日

忌天賊火星龍水禁受死滅沒招搖咸池天翻地覆伏斷執危破

日

天翻地覆已下凶日忌乘船渡水涉江河與造船等事

正七月初一十九 初七廿五 十三 二八月初八廿四 十二三十 十八

三九月初五廿二 十二廿九 十七 四十月初二二十 初八廿六 十四

五十一月初一廿一 初九廿七 十五 六十二月初四廿二 初十廿八 十六

招搖凶日

正七月滿日 二八月建日 三九月開日

四十月成日 五十一月破日 六十二月定日

八風凶日

春(己酉丁丑)日　夏(甲申甲辰)日　秋(辛未丁未)日　冬(甲寅甲戌)日

觸水龍凶日

丙子日　癸未日　癸丑日　此三日四時俱忌

又風波(卽年建方)白浪(卽月建方)大壓(卽時建方)行船宜避其方且忌覆船日(卽日破如子日午爲破也)更忌(庚辰壬辰)爲子胥河伯死日

海角經凡造船行船值日吉宿

氐尾箕斗危婁胃昴畢星軫俱吉

室牛房參井俱次吉

逐月造船行舟吉日同用大字日上吉雙行寫是次吉

正月辛亥壬午甲子庚子壬子日

二月乙未辛亥丁未己亥日

三月甲子乙未庚子壬子己未日

四月丁卯辛卯辛酉丁酉日

五月戊辰乙未丙辰辛未己未日

六月丁卯辛未辛酉甲寅日

七月甲子庚子乙未壬子己未日

八月丙寅乙丁丑戊寅辛亥甲戌庚寅日

九月甲子庚子辛酉丙午日

十月丁卯辛卯辛酉丁酉日

十一月戊戌丙辰辛亥乙丑丁丑日

十二月丙寅丁卯戊寅辛卯乙癸卯日

右立定吉日不犯建破天賊受死白浪觸水龍咸池蛟龍
四激招搖殃敗九空正四廢九壬鬼轉殺水隔江河離子
背河伯死滅沒龍禁危破執等日
行船俗忌遇七九日不行船宜前一日將船頭向天月二
德方或天月二德合方明日遇便行去不忌更本日時遁
得奇門在去方更吉也

門制其宮

吉門出宮吉不去

奇門行軍要略卷二

門取三四休取九。生景取七亦同候。

宮追吉門者不去。總有吉事難成就。

高明劉文瀾黑池纂

行軍諸格摘要立成奇門之用重格所在之方看吉凶以為趨避次重直符加正時以定一時之休咎凡軍戎中事變倉猝何暇布演於枹鼓之下誠于是書查按立成而用自得勝算矣

寶鑑九遁要略立成並註

傷杜臨二八。驚門臨四七。死門到一坎凶門來追宮

凶災尤甚也時刻識在胸

奇門九遁必要看奇門不犯墓乙奇下臨坤宮丙奇下臨乾宮丁奇下臨艮宮為犯墓也

門不犯廹開臨三四休臨九生景七皆稱宮廹吉門吉事不成傷杜臨二八死門到一宮驚門臨三四皆云凶門廹宮凶災尤甚也方為全美奇門和義門生宮為和宮生門為義也戰勝

謀利各格細詳而用之

天遁

丙奇加生門下臨地盤戊爲天遁格。丙乃三奇之靈。戊乃天門華盖覆體得月精所蔽。宜向其方上策出軍與祭天禱神煉將祭風興雲致霧禱雨等項俱向此方起歩而去吉。識曰天遁幽玄得遇人賢天盤丙奇合生門下臨地丁如逢生氣所事皆吉日祿甲祿寅乙祿卯丙戊祿巳丁己祿午以日干爲主在中事成而安日破日鬼諸事牽纏日合在中罪赦宣傳

奇門行軍要畧卷二目錄

吉格

虎遁　生休門與乙奇加辛在艮宮

風遁　休開生合乙奇在巽宮

雲遁　休開生與乙奇合在震宮

三詐　太陰九地六合會三奇三吉門無奇亦合

眞詐　太陰會三奇三門

重詐　九地會三奇三門

休詐　六合會三奇三門

陽二局甲己日庚午時丙戊生在二宮

戊癸日丙辰時丙戊開在二宮

陰一局乙庚日辛巳時丙戊開在一宮

陰二局丙辛日壬辰時丙戊生在二宮

陰九局丙辛日壬辰時丙戊生在九宮

地遁

乙奇加開門下臨地盤己爲地遁格。己爲六合私門又爲地戶。如紫雲障蔽得日精之覆蓋。宜祭禱地神開河穿井改造倉庫伏藏百工埽穴摧城列陣攻敵伏兵藏銃及修通地道穿透賊營皆此時此方吉。識曰地遁功遭寅將也必遇英豪更逢朱雀文書遷高天后太陰俱貴人例拾得珠寶青龍六甲也風伯五符例風雨淋漓太常月將例大吉丑也土龍出林更加天柱七宮星水入州城勾陳白虎勾陳卽白虎值符例兵起虛聲

陽七局丁壬日丁未時乙巳開在八宮

陽八局丁壬日丁未時乙巳開在九宮

陰三局乙庚日辛巳時乙巳開在二宮

陰四局甲己日庚午時乙巳門在三宮

陰七局丁壬日癸卯時乙巳開在六宮

陰八局丙辛日壬辰時乙巳開在七宮

陰九局戊癸日丙辰時乙巳開在八宮

人遁

休門丁奇臨地盤太陰（即丁奇也）為人遁。太陰陰晦得星光繼明。宜祭禱祈保受道聘賢求將制敵興兵征戰和仇立盟隱伏吉惟投書獻策不利（識日）白虎不利行船朱雀勾陳（即值符劍白虎）眼見鬼

神大吉丑小吉未月將例風雨不寧雨師風伯五符例雷電山崩魁罡

月將例之天罡同位災患相逢

陽九局乙庚日己卯時丁加丁遇休門在六宮

陰七局戊癸日癸亥時丁加丁遇休門在一宮

陰八局丙辛日己丑時丁丁休在二宮

陰九局丙辛日庚寅時丁丁休在三宮

神遁

九天加丙臨生門爲神遁格。得神靈之蔽蓋。宜祭禱符咒步罡恃法吉。向其方畫地布籌入局與閉六戊等術。並用兵攻虛陰謀秘訣。識曰從魁酉河魁戌將例也月六合卯勾陳辰符例神俱值白光芒出是神示威刼煞即天罡也白虎直符例神雷電擊人神后子將天后子將登明亥將保祐太乙卯將太陰直符神例百事招凶

陽九局甲己日庚午時九天天盤丙逢生門在九宮

陰二局丙辛日辛卯時在三宮

陽四局乙庚日丙戌時在一宮

陰六局戊癸日癸亥時在八宮

鬼遁

開乙合九天又生門丁奇合九地均爲鬼遁格得鬼靈之蔽護又幽隱之事向其方可以察敵情偷營劫寨設僞攻虛設機伏藏虛詞詭詐宜詐書誘敵又宜遣兵逃遁訣曰上和天輔四宮天星百事歡欣太衝卯月將例朱雀書符厭敵白虎直符例河魁戌月將例鬼神打門螣蛇值符例天罡辰月將例鬼附人魂從魁酉月將例勾陳直符例神妖邪見形白虎直符例同位盜不離門太乙月將例太陰貴人例若有修造人死遭瘟天鬼作禍宅神不寧出沒多端

陽四局丁壬日辛亥時九天與天盤乙奇逢開門在二宮

陽五局乙庚日丁丑時在九宮

陽八局丙辛日癸巳時地丁生門在八宮

陰三局乙庚日辛巳時九天與天盤乙奇逢開門在二宮

丁壬日乙巳時在九宮

陰四局丙辛日丙申時在一宮

龍遁凡此格俱在坎一宮成

乙奇休門臨坎或壬癸水鄉爲龍遁格得龍神之蔽其方可以

請龍祈雨治水布立水陣挹守河渡修橋穿井識曰風伯雨師

五符例風雨霆霖日破在中水出山陰青龍青龍二例一值符爲青龍一子午日青龍在申丑未日在戌寅申日在子卯酉日在寅起十二神順輪十二支神訣曰青龍蓬星明堂太陰天門地戸天獄螣蛇天牢華蓋陽孤陰虛神后子將水滿江津登明亥將河魁戌將霧雨雲日祿論日干壬祿亥癸子甲寅乙卯丙戊巳丁巳午庚申辛酉爲祿也日合干合甲己合乙庚丙辛合丁壬合戊癸合支合子丑合寅亥合卯戌合辰酉合巳申相合財利必盈日刑日盜寅巳申刑丑戌未刑午卯子刑辰午酉亥刑百事無成

陽二局戊癸日癸亥時乙奇休門同臨坎一爲龍遁格此格俱在坎宮成

陽六局甲己日癸酉時

陽七局乙庚日癸未時

陽八局丙辛日癸巳時

陽九局丁壬日癸卯時

陰一局戊癸日癸丑時乙奇休門同臨坎一宮凡龍遁格俱在坎

陰二局丁壬日癸卯時

陰三局丙辛日癸巳時此格乙加庚與休門臨坎又天輔兩師值時主大風四起大雨滂沱

陰四局乙庚日癸未時

陰九局 戊癸日癸亥時

虎遁 凡此格俱在艮入宮成

生休門與乙奇加辛在艮入宮起虎遁格得虎威守護其方宜防遇險要設伏邀遮建立山寨堵關塞路又可招亡命撫叛逆為討賊暗渡隘寇計潛機 讖曰 虎遁英雄白虎值符倒貴人倒如同風哨山空神后子將玄武值符刦煞天罡辰將宜攻百事喜氣重重月壓在中追盜逢凶日祿月馬申子辰馬居寅巳酉丑馬在亥寅午戌馬居申財帛豐隆凡所用事大有奇功

陽五局乙庚日癸未時乙奇加辛逢生門臨艮八

陰二局乙庚日癸未時乙奇加辛逢生門臨艮八

風遁凡此格俱在巽四宮成

乙奇合休開生三吉門到巽四宮爲風遁格得祥風之蔽其方可以吸風信噀旗幟祭禱風伯借順風出兵破敵得天風之助大勝又宜隨風焚刼敵營燒粮草輜重兼布檄令文書順風響應

識曰白虎值符例魁罡月將天罡事多委靡天空戌將登明亥將凡事中餧騰蛇值符例入傳仔細行船月厭加之炎火起刑煞並來傷折

身體

陽一局甲己日壬申時乙奇開門合在巽四爲風遁格此格俱在巽宮成　按本時有雨師風雲二星同臨又天禽星值本時主大風起樹倒木折應

陽一局丙辛日丙申時風伯值時

陽二局丙辛日丁酉時風伯值時

陽三局甲己日庚午時

乙庚日辛巳時

丁壬日丁未時天任星值本時大風雨至

陽四局丙辛日辛卯時風雲值時

陽六局戊癸日壬戌時雨師風雲二星值宮又天芮星同臨主雷雨三千罡應

陽七局甲己日乙亥時

丁壬日庚戌時天蓬星值時雷雨應

陽八局甲己日丁卯時天禽星值時大風東起

丙辛日戊戌時雨師值時雲遁格同

陽九局乙庚日丁丑時

陰三局戊癸日壬子時雨師風雲同值

陰四局戊癸日丁巳時本局生門超五加臨

陰五局乙庚日辛巳時

戊癸日丙辰時天英值時西北大雨至

陰六局甲己日辛未時

戊癸日乙卯時

陰七局甲己日壬申時雨師風雲值宮

陰八局乙庚日丙戌時雨師值時

戊癸日己未時

陰九局甲己日丁卯時

陰九局戊癸日庚申時

雲遁凡此格俱在震三宮成

乙奇合休門臨震三宮爲雲遁格得祥雲之蔽其方可以吸雲氣噴甲冑宜伏藏變計興雲致霧攝至神將利于出兵使敵人矇昧讖曰雲遁風會會合風遁格或風伯臨值進退不窮生門加壬上合天芮芮坤宮星名太乙巳將河魁戌將雪如掌塊玄武值符側神太冲卯將風雨交重塍蛇值符側神勝光午將旱魃爲凶日在祿在中長天霓虹青龍值符

卽青龍又子日申爲龍到宮黑霧迷濃白虎直符倒神刑冲殺人無踪

陽五局丁壬日辛亥時

陽六局甲己日丙寅時

陽七局甲己日丁卯時

戊癸日庚申時

陽八局乙庚日丙戌時雨師值時

陽九局乙庚日丁亥時雨師值時

丙辛日丙申時風伯值時

一陰局丁壬日辛亥時

二陰局甲己日戊辰時

三陰局丙辛日辛卯時

六陰局丁壬日乙巳時

七陰局戊癸日己未時

九陰局甲己日丙寅時

三詐格

太陰九地六合爲三隱宫得三奇三吉門相助爲三詐萬事皆

利揚兵動衆吉或得門不得奇亦吉如門在伏宮宜埋伏詐敵取勝

真詐

太陰合奇門爲真詐得吉宿之利宜施仁恩結民心伸大義與出兵詐敵一切顯揚之事皆吉九局同斷

陽一局 真詐

甲己日乙丑時 太陰丙加丁生門臨七

○甲己日丙寅時 太陰生門臨四無奇

甲己日己巳時 太陰休門臨七無奇

○甲己日癸酉時 太陰生門伏八地丙

甲己日甲戌時太陰開門臨六無奇

○甲己日乙亥時太陰生門臨七乙加丁

乙庚日戊寅時太陰休門臨三無奇

乙庚日癸未時太陰生門伏八地丙

丙辛日己丑時太陰休門臨六天丁

丙辛日辛卯時太陰開門臨二無奇

丙辛日癸巳時太陰生門臨八地丙

丁壬日庚子時太陰開門臨九地乙

丁壬日癸卯時太陰生門臨八地丙

丁壬日辛亥時太陰生門臨二無奇

戊癸日使超乾癸丑時太陰開門臨八丁加丙

戊癸日乙卯時太陰開門臨七地丁

戊癸日丙辰時太陰生門臨四無奇

戊癸日戊午時太陰生門臨三天丙

戊癸日己未時太陰生門臨六無奇

戊癸日庚申時太陰生門臨九地乙

戊癸日符使俱伏癸亥時太陰生門伏六癸加癸

陽二局真詐

甲己日甲子時太陰開門臨六無奇

甲己日丙寅時太陰休門天丙臨七

甲己日丁卯時太陰生門臨四無奇

甲己日庚午時太陰生門臨二天丙

甲己日癸酉時太陰休門地乙臨一

甲己日甲戌時太陰開門臨六無奇

乙庚日丙子時太陰生門臨七天乙

乙庚日癸未時太陰休門地乙臨一

乙庚日甲申時太陰開門天丁臨六

乙庚日丁亥時太陰休門天丙臨四

丙辛日戊子時太陰生門天丁臨六

丙辛日庚寅時太陰休門臨二

丙辛日辛卯時 太陰開門 地丁臨八

丙辛日甲午時 太陰開門 天丙臨六

丙辛日丁酉時 太陰開門 天乙臨四

丙辛日己亥時 太陰生門 地丙臨九

戊癸日壬子時 太陰生門 丁加丁臨八

戊癸日甲寅時 太陰開門 臨六

戊癸日丙辰時 太陰休門 臨七

戊癸日戊午時 太陰休門 臨六

丙辛日癸巳時 太陰休門 地乙臨一

丙辛日中五借死使乙未時 太陰休門 臨三

丙辛日戊戌時 太陰休門 天丙臨六

戊癸日癸丑時 太陰休門 丙加乙臨一

戊癸日乙卯時 太陰開門 天丙臨三

戊癸日丁巳時 太陰休門 臨四

戊癸日己未時 太陰休門 地丙臨九

戊癸日庚申時 太陰休門 臨二　戊癸日壬戌時 太陰休門 丙加乙臨八

戊癸日癸亥時 太陰休門 乙加乙臨一

陽三局 真詐

甲己日丁卯時 太陰生門 臨七天丙　甲己日戊辰時 太陰休門 臨九丁加丁

乙庚日辛巳時 太陰開門 臨八無奇　乙庚日壬午時 太陰生門 臨一地丙

乙庚日丙戌時 太陰生門 臨三無奇　丙辛日庚寅時 符八中

丙辛日使超乾六癸巳時 太陰生門 臨四天丙　丙辛日乙未時 太陰休門 臨六天丙

丙辛日丙申時 太陰休門 臨三無奇　丙辛日丁酉時 太陰生門 臨七無奇

丙辛日己亥時太陰開門臨二地乙

丁壬日壬寅時太陰休門臨二丁加丙

丁壬日庚戌時符入中

戊癸日壬子時太陰開門臨二丙加丙

陽四局真詐

甲己日乙丑使超乾時太陰休門臨九天丁

甲己日丁卯時太陰開門臨三地乙

丙辛日乙未時太陰生門臨九無奇

丁壬日庚子時符入中

丁壬日己酉時太陰生門臨二地乙

丁壬日辛亥使超乾時太陰休門臨八天丁

戊癸日庚申時符入中

甲己日戊辰時太陰開門臨二丙加丙

乙庚日庚辰借死使時太陰生門臨八無奇

丙辛日丙申時太陰生門臨六天丙

丙辛日丁酉時太陰休門臨三地乙
丁壬日超六辛丑時太陰開門臨二丁加丁

丁壬日乙巳時太陰生門臨九無奇
丁壬日丙午時太陰休門臨六天乙

戊癸日乙卯時太陰生門臨九無奇

陽五局真詐

甲己日借死使伏庚午時太陰休門臨一無奇
甲己日壬申時太陰休門臨七天丙

甲己日使超乾癸酉時太陰休門臨三地丙
乙庚日辛巳時太陰開門臨四丁加乙

乙庚日使伏甲申時太陰生門臨八無奇
丙辛日己亥時太陰開門臨八無奇

丁壬日壬寅時太陰生門臨七無奇
丁壬日乙巳時太陰生門臨二地丁

丁壬日丁未時太陰生門臨六天乙　丁壬日辛亥時太陰生門臨四地乙

戊癸日壬子時太陰生門臨七無奇　戊癸日乙卯時太陰休門臨二地丁

陽六局 真詐

甲己日符使俱伏甲子時太陰生門臨八無奇　甲己日丁卯時太陰開門臨九天丁

甲己日戊辰時太陰休門臨八無奇　甲己日庚午時太陰休門臨四地丙

甲己日使伏癸酉時太陰開門臨六無奇　甲己日甲戌時太陰生門臨八無奇

乙庚日丙子時太陰開門臨二天乙　乙庚日壬午時太陰生門臨三地丁

乙庚日癸未時太陰開門臨六無奇　乙庚日甲申時太陰生門臨八無奇

乙庚日丁亥時太陰休門臨九天乙

丙辛日戊子時太陰休門臨八無奇

丙辛日辛卯時太陰休門臨七無奇

丙辛日符伏六甲午時太陰生門臨八無奇

丁壬日庚子時太陰休門臨四乙加丙

丁壬日癸卯時太陰開門臨六天丙

丁壬日甲辰時太陰生門臨八天丁

丁壬日丁未時太陰生門臨九無奇

丁壬日己酉時太陰生門臨一天丙

戊癸日癸丑時太陰開門臨六天乙

戊癸日值符甲寅時太陰生門臨八天丙

戊癸日丙辰時太陰開門臨二無奇

戊癸日戊午時太陰開門臨八天丙

戊癸日己未時太陰開門臨一天乙

戊癸日庚申時太陰開門臨四地丙

戊癸日辛酉時太陰開門臨七無奇

戊癸日壬戌時太陰開門臨三丙加丁

戊癸日符使俱伏癸亥時太陰開門臨六無奇

陽七局 真詐

甲己日符使俱伏甲子時太陰休門臨一無奇

甲己日符伏戊辰時太陰生門臨一無奇

甲己日己巳時太陰開門臨四地丁

甲己日庚午時太陰生門臨七天丙

甲己日使超六辛未時太陰生門臨三無奇

甲己日甲戌時太陰休門臨一無奇

乙庚日丁丑時太陰生門臨二天乙

乙庚日戊寅時太陰開門臨一無奇

乙庚日符伏己卯時太陰生門臨四丁加丁

乙庚日使超六庚辰時太陰休門臨七天乙

乙庚日符頭甲申時太陰休門臨一無奇

乙庚日丙戌時太陰休門臨八無奇

乙庚日丁亥時 太陰開門 臨二無奇
丁壬日乙巳時

丙辛日戊子時 太陰生門 臨一無奇
丙辛日己丑時 使超六 太陰休門 臨四丙加丁

丙辛日辛卯時 太陰休門 臨三無奇
丙辛日甲午時 太陰休門 臨一天丁

丙辛日戊戌時 太陰休門 臨一天丁
丁壬日庚子時 太陰休門 臨七無奇

丁壬日辛丑時 符伏 太陰生門 臨三無奇
丁壬日甲辰時 符頭 太陰休門 臨一天丙

戊癸日甲寅時 符頭 太陰休門 臨一天乙
戊癸日乙卯時 太陰休門 臨八天丙

戊癸日丁巳時 太陰休門 臨二無奇

陽八局 真詐

甲己日辛未時太陰生門臨六地丙

乙庚日丙子時太陰休門臨八無奇

乙庚日庚辰時太陰開門臨三無奇

乙庚日丙戌時太陰開門臨八無奇

丙辛日己丑時太陰開門臨七地乙

丙辛日丁酉時符使八中宮

丁壬日辛丑時太陰休門臨六丙加丙

丁壬日乙巳時太陰開門臨一天丙

甲己日壬申時太陰開門臨九天丁

乙庚日丁丑時符八中宮

乙庚日壬午時太陰開門臨九天丙

乙庚日丁亥時符八中

丙辛日壬辰時太陰休門臨九天乙

丙辛日戊戌時太陰生門臨四天乙

丁壬日壬寅時太陰生門臨九無奇

丁壬月丁未時符八中

丁壬日戊申時太陰開門臨四無奇

丁壬日己酉時太陰開門臨七地乙

丁壬日庚戌時太陰休門臨三無奇

丁壬日辛亥時太陰生門臨六乙加丙

戊癸日壬子時太陰生門臨九無奇

戊癸日丁巳時符八中

陽九局真詐

甲己日乙丑時太陰開門臨四無奇

甲己日丙寅時太陰開門臨一無奇

甲己日戊辰時太陰開門臨七丙加丙

甲己日己巳時使超六時太陰開門臨三無奇

甲己日壬申時太陰休門臨二天丙

甲己日癸酉時符八中

乙庚日戊寅使超六時太陰開門臨七乙加丙

乙庚日庚辰時太陰生門臨六地丁

乙庚日壬午時太陰生門臨二天乙

乙庚日癸未時符入中

乙庚日使超六丁亥時時太陰開門臨八天乙

丙辛日己丑時太陰生門臨三無奇

丙辛日癸巳時符入中

丁壬日使超六乙巳時太陰開門臨四無奇

丁壬日戊申時太陰休門臨七地丙

丁壬日己酉時太陰生門臨三天丁

戊癸日癸丑時符入中

戊癸日借死使乙卯時太陰生門臨四無奇

戊癸日丙辰時太陰開門臨一天乙

戊癸日戊午時太陰開門臨七地丙

戊癸日己未時太陰開門臨三天丙

戊癸日庚申時太陰開門臨六地丁

戊癸日辛酉時太陰開門臨九無奇

戊癸日壬戌時太陰開門臨二無奇

戊癸日癸亥時符入中

陰二局真詳

甲己日乙丑時太陰開門臨四丙加丁

甲己日丙寅時太陰開門臨一無奇

甲己日戊辰時太陰開門臨七無奇

甲己日己巳使超四時太陰開門臨三丁加丙

甲己日壬申時太陰休門臨二地乙

甲己日癸酉時符入中

乙庚日戊寅時太陰開門臨七無奇

乙庚日庚辰時太陰生門臨六無奇

乙庚日壬午時太陰生門臨二地乙

乙庚日癸未時符入中

乙庚日丁亥使超四時太陰開門臨八天丙

丙辛日己丑時太陰生門臨三乙加丙

丙辛日癸巳時符入中　丁壬日癸卯時符入中

丁壬日乙巳使超四時太陰開門臨四地丁　丁壬日戊申時太陰休門臨七天丙

丁壬日己酉時太陰生門臨三地丙　戊癸日癸丑時符入中

戊癸日丁巳時太陰生門臨八無奇　戊癸日癸亥時符入中

陰二局真詐

甲己日丁卯時符入中　甲己日辛未時太陰生門臨六無奇

甲己日壬申時太陰開門臨九天丙　乙庚日丙子時太陰休門臨八天丁

乙庚日丁丑時符入中　乙庚日庚辰時太陰開門臨三丙加乙

乙庚日壬午時 太陰開門 臨九天乙

乙庚日丁亥時 符入中

丙辛日壬辰時 太陰休門 臨九無奇

丙辛日戊戌時 太陰生門 臨四地丙

丁壬日壬寅時 太陰生門 臨九無奇

丁壬日丁未時 符入中

丁壬日己酉時 太陰開門 臨七天丙

丁壬日辛亥時 太陰開門 臨六天丁

乙庚日丙戌時 太陰開門 臨八天丙

丙辛日己丑時 太陰開門 臨七無奇

丙辛日丁酉時 符入中

丁壬日辛丑時 太陰休門 臨六無奇

丁壬日乙巳時 太陰開門 臨一天丁

丁壬日戊申時 太陰開門 臨四地丙

丁壬日庚戌時 太陰休門 臨三地乙

戊癸日壬子時 符伏 太陰生門 臨九無奇

戊癸日丁巳時符入中

陰三局真詐

甲己日甲子時太陰休門臨一無奇

甲己日丙寅時符入中

甲己日戊辰時太陰生門臨一無奇

甲己日己巳時太陰開門臨四丙加乙

甲己日庚午時太陰生門臨七無奇

甲己日使超四辛未時太陰生門臨三天丁

甲己日甲戌時太陰休門臨一無奇

乙庚日丙子時符入中

乙庚日丁丑時太陰生門臨二無奇

乙庚日戊寅時太陰開門臨一無奇

乙庚日己卯時太陰生門臨四乙加乙

乙庚日使超四庚辰時太陰休門臨七無奇

乙庚日甲申時太陰休門臨一無奇

乙庚日丁亥時太陰開門臨二天丁

丙辛日己丑時使超四太陰休門臨四地乙

丙辛日甲午時太陰休門臨一無奇

丙辛日戊戌時太陰生門臨一無奇

丁壬日辛丑時太陰生門臨三無奇

丁壬日丙午時符入中

戊癸日乙卯時太陰休門臨八無奇

乙庚日丙戌時符入中

丙辛日戊子時太陰生門臨一無奇

丙辛日辛卯時太陰休門臨三天乙

丙辛日丙申時符入中

丁壬日庚子時太陰休門臨七天丁

丁壬日甲辰時太陰休門臨一天丁

戊癸日甲寅時太陰休門臨一天丙

戊癸日丙辰時符入中

戊癸日丁巳時 太陰休門 臨八無奇

陰四局 真詐

甲己日甲子時 太陰生門 臨八無奇

甲己日乙丑時 符入中

甲己日丁卯時 太陰開門 臨九天丙

甲己日戊辰時 太陰休門 臨八無奇

甲己日庚午時 太陰休門 臨四天丙

甲己日癸酉時 太陰開門 臨六地丙

甲己日甲戌時 太陰生門 臨八天丁

甲己日乙亥時 符入中

乙庚日丙子時 太陰開門 臨二無奇

乙庚日壬午時 太陰生門 臨三無奇

乙庚日癸未時 太陰開門 臨六地丙

乙庚日甲申時 太陰生門 臨八天丙

乙庚日乙酉時符八中

乙庚日丁亥時太陰休門臨九無奇

丙辛日戊子時太陰休門臨八無奇

丙辛日辛卯時太陰休門臨七地丁

丙辛日癸巳時太陰休門臨六地丁

丙辛日甲午時太陰生門臨八天乙

丙辛日乙未時符八中

丁壬日庚子時太陰休門臨四無奇

丁壬日癸卯時太陰休門臨六地丙

丁壬日甲辰時太陰生門臨八無奇

丁壬日乙巳時符八中

丁壬日丁未時太陰生門臨九無奇

丁壬日己酉時太陰生門臨一天丁

戊癸日癸丑時太陰開門臨六丁加丙

戊癸日甲寅時太陰生門臨八無奇

戊癸日乙卯時符八中

戊癸日丙辰時太陰開門臨二無奇

戊癸日戊午時太陰開門臨八無奇

戊癸日己未時太陰開門臨一天丙

戊癸日庚申時太陰開門臨四無奇

戊癸日辛酉時太陰開門臨七乙加丁

戊癸日壬戌時太陰開門臨三無奇

戊癸日癸亥時太陰開門臨六丙加丙

陰五局 真詐

甲己日甲子時 使超四 太陰生門臨八丁加丁

甲己日乙丑時太陰開門臨二無奇

甲己日丙寅時太陰開門臨九天丙

甲己日丁卯時太陰開門臨六地乙

甲己日戊辰時符入中

甲己日甲戌時符入中

乙庚日戊寅時符入中

乙庚日甲申時符入中

丙辛日甲午時符入中

丙辛日己亥時太陰開門臨八乙加丁

丁壬日甲辰時符入中

丁壬日戊申時符入中

戊癸日壬子時太陰生門臨七丙加丙

戊癸日乙卯時太陰休門臨二無奇

乙庚日辛巳時太陰開門臨四天乙

丙辛日戊子時符入中

丙辛日戊戌時符入中

丁壬日壬寅時太陰生門臨七丁加丙

丁壬日丁未時太陰生門臨六丁加乙

丁壬日辛亥時太陰生門臨四無奇

戊癸日甲寅時符入中

戊癸日戊午時符入中

陰六局真詐

甲己日使超四乙丑時太陰休門臨九丙加丁

甲己日戊辰時太陰開門臨二無奇

甲己日中五借死門使超四甲戌時太陰開門臨二無奇

乙庚日辛巳時太陰開門臨一無奇

乙庚日使超四癸未時太陰休門臨七地乙

丙辛日乙未時太陰生門臨九地丁

丙辛日丁酉時太陰休門臨三無奇

甲己日丁卯時太陰開門臨二天丁

甲己日己巳時符入中

乙庚日己卯時符入中

乙庚日壬午時太陰生門臨四天乙

丙辛日己丑時符入中

丙辛日丙申時太陰生門臨六無奇

丙辛日己亥時符入中

丁壬日符伏使超四辛丑時太陰開門臨一無奇　丁壬日乙巳時太陰生門臨九地丁

丁壬日丙午時太陰休門臨六天丁　丁壬日己酉時符入中

戊癸日乙卯時太陰休門臨九地丁　戊癸日己未時符入中

陰七局真詐

甲己日丁卯時太陰生門臨七無奇　甲己日戊辰時太陰休門臨九丙加丙

甲己日庚午時符入中　乙庚日庚辰時符入中

乙庚日辛巳時太陰開門臨八丁加乙　乙庚日壬午時太陰生門臨一地丁

丙辛日借死使戊子時太陰生門臨九地丙　丙辛日庚寅時符入中

丙辛日辛卯時 太陰休門 臨八丙加乙
丙辛日乙未時 太陰休門 臨六無奇

丙辛日丙申時 太陰休門 臨三無奇
丙辛日丁酉時 太陰生門 臨七天丁

丙辛日己亥時 太陰開門 臨二天丙
丁壬日庚子時 符入中

丁壬日壬寅時 太陰休門 臨二天乙
丁壬日庚戌時 符入中

丁壬日辛亥時 太陰休門 臨八地乙
戊癸日壬子時 太陰開門 臨一丁加丁

戊癸日庚申時 符入中

陰八局 真詐

甲己日甲子時太陰開門臨六無奇

甲己日丙寅時太陰休門臨七無奇

甲己月丁卯使超四時太陰生門臨四天丙

甲己日庚午時太陰生門臨二地丁

甲己日辛未時符入中

甲己日癸酉時太陰休門臨一地丙

甲己日甲戌時太陰開門臨六無奇

甲己日乙亥時太陰生門臨三乙加丁

乙庚日丙子使超四時太陰生門臨七無奇

乙庚日辛巳時符入中

乙庚日癸未時太陰休門臨一地丙

乙庚日甲申時太陰開門臨六無奇

乙庚日丁亥時太陰休門臨四無奇

丙辛日戊子時太陰生門臨六無奇

丙辛日庚寅時太陰休門臨二丁加丁

丙辛日辛卯時符入中

丙辛日癸巳時 太陰休門 臨一地丙

丙辛日丙申時 太陰生門 臨七天丁

丁壬日辛丑時 符入中

丁壬日甲辰時 太陰開門 臨六天丁

戊癸日 符伏使超 四壬子 時 太陰生門 臨八無奇

戊癸日甲寅時 太陰開門 臨六天丙

戊癸日丙辰時 太陰休門 臨七天乙

戊癸日戊午時 太陰休門 臨六天丙

丙辛日 借死使超 四甲午 時 太陰生門 臨六無奇

丁壬日庚子時 太陰生門 臨二丙加丁

丁壬日壬寅時 太陰開門 臨八天乙

丁壬日辛亥時 符入中

戊癸日癸丑時 太陰休門 臨二丁加丙

戊癸日乙卯時 太陰開門 臨三無奇

戊癸日丁巳時 太陰生門 臨四無奇

戊癸日己未時 太陰休門 臨九地乙

戊癸日庚申時太陰休門臨二地丁　戊癸日辛酉時符入中

戊癸日壬戌時太陰休門臨八無奇　戊癸日癸亥時太陰休門臨一丙加丙

陰九局真詐

甲己日乙丑時太陰生門臨七無奇　甲己日丙寅時太陰生門臨四天丙

甲己日己巳時太陰休門臨六無奇　甲己日壬申時符入中

甲己日癸酉時伏使太陰生門臨八無奇　甲己日乙亥時太陰生門臨七無奇

乙庚日戊寅時太陰休門臨三丙加丁　乙庚日庚辰時太陰休門臨九天乙

乙庚日壬午時符入中　乙庚日癸未時太陰生門臨八天丁

丙辛日己丑時太陰休門臨六無奇

丙辛日壬辰時符入中

丙辛日丙申時太陰開門臨四無奇

丁壬日壬寅時符入中

丁壬日中五借死使乙巳時太陰休門臨七天丙

丁壬日戊申時太陰開門臨三地丁

丁壬日庚戌時太陰休門臨九無奇

戊癸日乙卯時太陰開門臨七天乙

丙辛日辛卯時太陰開門臨二無奇

丙辛日癸巳時太陰生門臨八天丙

丁壬日庚子時太陰開門臨九無奇

丁壬日癸卯時太陰生門臨八天乙

丁壬日丁未時太陰休門臨二丁加乙

丁壬日己酉時太陰開門臨六天丁

戊癸日壬子時符入中

戊癸日丙辰時太陰生門臨四無奇

戊癸日戊午時太陰生門臨三地丁

戊癸日己未時太陰生門臨六天丙

戊癸日庚申時太陰生門臨九無奇

戊癸日辛酉時太陰生門臨二地丙

戊癸日壬戌時符入中

戊癸日癸亥時太陰生門臨八無奇

重詐

九地合奇門爲重詐其方宜進賢招將拜官受爵出兵誘敵取勝詐陷賊衆收服士卒牢籠敵糧九局同斷

陽一局重詐

甲己日丁卯時九地生門地乙臨九

甲己日戊辰時九地開門丁加丁臨七

甲己日辛未時九地休門天丙臨八
甲己日超五時壬申九地生門天丁臨二

乙庚日甲申時九地休門臨一無竒
乙庚日乙酉時九地開門臨一無竒

乙庚日丁亥時九地開門地乙臨九
丙辛日丁酉時九地生門臨九地乙

丙辛日戊戌時九地休門臨七地丁
丁壬日辛丑時九地開門臨八丙加丙

丁壬日借死門使乙己爲時九地休門臨三天丙
丁壬日丁未時九地休門臨九丁加乙

丁壬日戊申時九地開門臨七地丁
丁壬日己酉時九地休門臨四天丁

丁壬日庚戌時九地休門臨一
戊癸日丁巳時九地開門臨九丙加乙

戊癸日開使超五時伏乾辛酉九地生門臨入地丙

陽二局 重詐

丁壬日庚子時 九地生門 臨八丙加丁

丁壬日壬寅時 九地生門 臨二天乙

丁壬月值使己巳時 九地開門 臨七

丁壬日丁未時 九地開門 臨九地丙

丁壬日丙午時 九地休門 臨三天丙

丁壬月開使超乾辛亥時 九地生門 臨二

陽三局 重詐

甲己日甲子時 九地休門 臨一丙加丙

甲己月使超乾丙寅時 九地生門 臨七天丁

甲己日辛未時 九地開門 臨二地乙

甲己日壬申時 九地生門 臨九地丁

甲己日癸酉時 九地開門 臨六天丙

甲己日甲戌時 九地休門 臨一乙加丙

甲己日乙亥時九地開門臨四無奇　　乙庚日丁丑時九地開門臨三無奇

乙庚日己卯時九地休門臨八無奇　　乙庚日癸未時九地開門臨六天乙

乙庚日借死門為使乙酉時九地生門臨四無奇　　丙辛日戊子時九地生門臨一地丙

丙辛日庚寅時符八中　　丙辛日辛卯時九地休門臨二丙加乙

丙辛日甲午時九地休門臨一地丙　　丙辛日戊戌時九地開門臨一地丙

丁壬日庚子時符八中　　丁壬日符伏辛丑時九地生門臨二乙加乙

丁壬日癸卯時九地開門臨六無奇　　丁壬日甲辰時九地休門臨一地丙

丁壬日乙巳時九地休門臨四天丁　　丁壬日丙午時九地休門臨七無奇

丁壬日丁未時 九地休門臨三天丙

丁壬日戊申時 九地生門臨一地丙

丁壬日庚戌時 符八中

戊癸日癸丑時 九地開門臨六無奇

戊癸日甲寅時 九地休門臨一地丙

戊癸日乙卯時 九地休門臨四天丙

戊癸日丙辰時 九地開門臨七無奇

戊癸日戊午時 九地開門臨一地丙

戊癸日己未時 九地開門臨八無奇

戊癸日庚申時 符八中

戊癸日辛酉時 九地開門臨二地乙

戊癸日壬戌時 九地開門臨九丙加丁

戊癸日癸亥時 九地開門臨六無奇

陽四局 重詐

甲己日甲子時九地生門臨八無奇
甲己日庚午時九地休門臨二地丙
甲己日壬申時九地休門臨六天丙
乙庚日壬午時九地生門臨六天乙
乙庚日甲申時九地生門臨八無奇
乙庚日丙戌時九地生門臨四無奇
丙辛日戊子時九地休門臨八天丁
丙辛日壬辰時九地開門臨六無奇

甲己日丙寅時九地開門臨四無奇
甲己日借使超乾甲戌時九地開門臨八無奇
乙庚日辛巳時九地開門臨九無奇
乙庚日癸未時九地休門臨三地乙
乙庚日乙酉時九地生門臨一地丁
乙庚日丁亥時九地生門臨七天乙
丙辛日辛卯時九地休門臨九無奇
丙辛日甲午時九地生門臨八天丙

丁壬日庚子時九地休門臨二乙加丙　丁壬日甲辰時九地生門臨八天乙

丁壬日戊申時九地休門臨八天乙　丁壬日己酉時符八中

丁壬日使超六庚戌時九地開門臨二地丙　戊癸日甲寅時九地生門臨八無奇

戊癸日丁巳時九地休門臨七無奇

陽五局重詐

甲己日乙丑時九地開門臨八無奇　甲己日丙寅時九地開門臨一天丙

甲己日丁卯時九地開門臨四地乙　乙庚日己卯時九地開門臨三丁加丁

乙庚日庚辰時九地開門臨三丁加丙　乙庚日丁亥時九地生門臨四地乙

丙辛日己丑時九地生門 臨二丙加丁

丙辛日庚寅時符伏 九地開門 臨九無奇

丙辛日壬辰時九地生門 臨三地丙

丙辛日丙申時九地生門 臨一無奇

丙辛日丁酉時九地開門 臨四地乙

丁壬日辛丑時九地生門 臨六無奇

丁壬日壬寅時九地開門 臨一無奇

丁壬日庚戌時九地生門 臨九天丁

戊癸日丁巳時九地休門 臨四丙加乙

陽六局重詐

甲己日丙寅時九地開門 臨八無奇

乙庚日己卯時九地休門 臨九無奇

乙庚日辛巳時使超乾 九地生門 臨三地丁

丙辛日庚寅時使超六 九地生門 臨六無奇

丙辛日壬辰時九地生門臨七天乙

丙辛日丙申時九地休門臨八天丙

丙辛日使超己亥六時九地生門臨九無奇

丁壬日辛丑時九地休門臨三丁加丁

丁壬日壬寅時九地生門臨七無奇

丁壬日丙午時九地開門臨八天乙

丁壬日庚戌時九地生門臨六無奇

丁壬日辛亥時九地生門臨三丙加丁

陽七局 重詐

甲己日符超丙寅乾時九地開門臨二天丁

甲己日丁卯時九地開門臨八無奇

甲己日使伏癸酉時九地休門臨一天丙

乙庚日辛巳時九地休門臨七天丙

乙庚日癸未時九地休門臨一天乙

乙庚日乙酉時九地生門臨二天丙

丙辛日符伏庚寅時九地開門臨三無奇
丙辛日癸巳時九地休門臨一無奇

丙辛日乙未時九地休門臨二天乙
丙辛日丙申時符入中

丙辛日己亥時九地休門臨六地乙
丁壬日壬寅時九地開門臨四地丁

丁壬日使伏癸卯時九地休門臨一無奇
丁壬日乙巳時九地休門臨二無奇

丁壬日使超乾丁未時九地開門臨八天乙
丁壬日辛亥時九地開門臨七無奇

戊癸日符頭伏壬子時九地休門臨四丁加丁
戊癸日使伏癸丑時九地休門臨一無奇

戊癸日戊午時九地開門臨九天丙
戊癸日己未時九地休門臨六地乙

戊癸日庚申時九地休門臨七天乙
戊癸日辛酉時九地休門臨七無奇

戊癸日壬戌時九地休門臨四丙加丁

戊癸日符使俱伏癸亥時九地休門臨一無奇

陽八局　重詐

甲己日符使俱伏甲子時九地開門臨六丙加丙

甲己日乙丑時九地生門臨九無奇

甲己日己巳時九地休門臨三無奇

甲己日使超六庚午時九地休門臨七丁[illegible]乙

甲己日使伏癸酉時九地生門臨八無奇

甲己日甲戌時九地開門臨六乙加丙

甲己日乙亥時九地休門臨九無奇

乙庚日丁丑時符入中宮

乙庚日戊寅時九地休門臨六乙加丙

乙庚日符伏使超六己卯時九地休門臨三無奇

乙庚日辛巳時九地生門臨四無奇

乙庚日使伏癸未時九地生門臨八無奇

乙庚日甲申時九地開門臨六地丙

乙庚日丁亥時符入中

丙辛日符伏庚寅時九地休門臨七乙加乙

丙辛日使伏甲午時九地開門臨六地丙

丙辛日丙申時九地開門臨二天乙

丙辛日己亥時九地生門臨三天丁

丁壬日甲辰時九地開門臨六地丙

丁壬日丁未時符入中

乙庚日乙酉時九地開門臨九無奇

丙辛日伏超乾戊子時九地休門臨六地丙

丙辛日癸巳時九地生門臨八天丁

丙辛日乙未時九地開門臨九無奇

丙辛日丁酉時符使入中

丁壬日癸卯時九地生門臨八天丙

丁壬日使超六丙午時九地休門臨二無奇

戊癸日使伏癸丑時九地生門臨八天乙

戊癸日甲寅時九地開門臨六地丙
戊癸日丙辰時九地生門臨二無奇
戊癸日戊午時九地生門臨六地丙
戊癸日庚申時九地生門臨七地乙
戊癸日壬戌時九地生門臨一無奇

陽九局重詐

甲己日丁卯時九地開門臨二無奇
甲己日癸酉時符入中

戊癸日使超六乙卯時九地休門臨九天丙
戊癸日丁巳時符入中
戊癸日己未時九地生門臨三天乙
戊癸日辛酉時九地生門臨四天丙
戊癸日符使俱伏癸亥時九地生門臨八無奇
甲己日庚午時九地休門臨四無奇
乙庚日符伏己卯時九地開門臨七丙加丙

乙庚日辛巳時 九地開門 臨一天乙

乙庚日癸未時 符入中

丙辛日戊子時 九地休門 臨三無奇

丙辛日 符伏 庚寅 時 九地開門 臨四無奇

丙辛日辛卯時 九地生門 臨一無奇

丙辛日癸巳時 符入中

丙辛日 使超乾 丙申 時 九地開門 臨九無奇

丙辛日丁酉時 九地休門 臨二天乙

丙辛日己亥時 九地開門 臨六乙加丁

丁壬日庚子時 九地生門 臨四無奇

丁壬日丙午時 九地休門 臨九天丁

戊癸日癸丑時 符入中

戊癸日 借死使超 乾甲寅 時 九地休門 臨三天乙

戊癸日丁巳時 九地生門 臨二無奇

戊癸日癸亥時 符入中

陰一局 重詐

甲己日丁卯時 九地開門 臨二地乙

甲己日庚午時 九地休門 臨四地丁

甲己日癸酉時 符入中

乙庚日己卯時 九地開門 臨七無奇

乙庚日辛巳時 九地開門 臨一天丙

乙庚日癸未時 符入中

丙辛日戊子時 九地休門 臨三地丙

丙辛日庚寅時 九地開門 臨四丁加丁

丙辛日辛卯時 九地生門 臨一天乙

丙辛日癸巳時 符入中

丙辛日丙申時 使起四 九地開門 臨九天丁

丙辛日丁酉時 九地休門 臨二地乙

丙辛日己亥時 九地開門 臨七無奇

丁壬日庚子時 九地生門 臨四丙加丁

丁壬日癸卯時符入中
丁壬日丙午時九地休門臨九天丙

戊癸日癸丑時符入中
戊癸日借死使乙卯時九地生門臨六無奇

戊癸日丙辰時九地開門臨九天乙
戊癸日戊午時九地開門臨三地丙

戊癸日己未時九地開門臨七天丙
戊癸日庚申時九地開門臨四地丁

戊癸日辛酉時九地開門臨一無奇
戊癸日壬戌時九地開門臨八無奇

戊癸日癸亥時符入中

陰二局重詐

甲己日符使伏甲子時九地開門臨六無奇
甲己日乙丑時九地生門臨九無奇

甲己日丁卯時 符入中

甲己日庚午時 使超四 九地休門臨七無奇

甲己日甲戌時 使伏 九地開門臨六天丁

乙庚日丁丑時 符入中

乙庚日己卯時 九地開門臨三乙加乙

乙庚日癸未時 九地生門臨八天乙

乙庚日乙酉時 九地開門臨九無奇

丙辛日戊子時 使超四 九地休門臨六天丙

甲己日己巳時 九地休門臨三丙加乙

甲己日癸酉時 使伏 九地生門臨八天丙

甲己日乙亥時 九地休門臨九無奇

乙庚日戊寅時 九地休門臨六天丁

乙庚日辛巳時 九地開門臨四地丙

乙庚日甲申時 九地開門臨六天丙

乙庚日丁亥時 符入中

丙辛日庚寅時 符伏 九地休門臨七無奇

丙辛日使伏癸巳時九地生門臨八無奇
丙辛日乙未時九地開門臨九天丁
丙辛日丁酉時符入中
丁壬日使伏癸卯時九地生門臨八無奇
丁壬日使超四丙午時九地休門臨二天丁
戊癸日癸丑時九地生門臨八無奇
戊癸日使超四乙卯時九地休門臨九天乙
戊癸日丁巳時符入中

丙辛日甲午時九地開門臨六天乙
丙辛日丙申時九地開門臨二無奇
丙辛日己亥時九地生門臨三地乙
丁壬日甲辰時九地開門臨六無奇
丁壬日丁未時符入中
戊癸日甲寅時九地開門臨六無奇
戊癸日丙辰時九地生門臨二天丙
戊癸日戊午時九地生門臨六無奇

戊癸日己未時 九地生門臨三地乙

戊癸日庚申時 九地生門臨七天丙

戊癸日辛酉時 九地生門臨四地丙

戊癸日壬戌時 九地生門臨一無奇

戊癸日癸亥時 九地生門臨八無奇

陰三局 重詐

甲己日丙寅時 符入中

甲己日丁卯時 九地開門臨八無奇

甲己日癸酉時 九地休門臨一天丁

乙庚日丙子時 符入中

乙庚日辛卯時 九地休門臨七無奇

乙庚日使伏癸未時 九地休門臨一天丙

乙庚日乙酉時 九地生門臨二無奇

乙庚日丙戌時 符入中

丙辛日符伏庚寅時九地開門臨三無奇

丙辛日乙未時九地休門臨二無奇

丙辛日己亥時九地休門臨六乙加丁

丁壬日癸卯時九地休門臨一無奇

丁壬日丙午時符入中

丁壬日辛亥時九地開門臨七天丁

戊癸日使伏癸丑時九地休門臨一無奇

戊癸日戊午時九地休門臨九天乙

丙辛日癸巳時九地休門臨一天乙

丙辛日丙申時符入中

丁壬日壬寅時九地開門臨四丙加乙

丁壬日乙巳時九地休門臨二天丁

丁壬日使超四丁未時九地開門臨八無奇

戊癸日符伏壬子時九地休門臨四乙加乙

戊癸日丙辰時符入中

戊癸日己未時九地休門臨六地丁

戊癸日庚申時 九地休門臨三無奇

戊癸日辛酉時 九地休門臨七天丙

戊癸日壬戌時 九地休門臨四地乙

戊癸日癸亥時 九地休門臨一無奇

陰四局 重詐

甲己日乙丑時 符入中

甲己日丙寅時 九地開門臨八天丙

甲己日乙亥時 符入中

乙庚日己卯時 九地休門臨九無奇

乙庚日使超四辛巳時 九地生門臨三天乙

乙庚日乙酉時 符入中

丙辛日使超四庚寅時 九地生門臨六丙加丙

丙辛日壬辰時 九地生門臨七地丁

丙辛日辛未時 符入中

丙辛日丙申時 九地休門臨八無奇

丙辛日己亥時九地生門臨九天丁
丁壬日辛丑時九地休門臨三無奇

丁壬日壬寅時九地生門臨七地丁
丁壬日乙巳時符入中

丁壬日丙午時九地開門臨八無奇
丁壬日庚戌時九地生門臨六地丙

丁壬日辛亥時九地生門臨三無奇
戊癸日乙卯時符入中

陰五局重詐

甲己日戊辰時符入中
甲己日庚午時九地休門臨九無奇

甲己日壬申時九地休門臨三天丙
甲己日癸酉使超四時九地休門臨七地丙

甲己日甲戌時符入中
乙庚日戊寅時符入中

乙庚日己卯時九地開門臨二無奇

乙庚日甲申時符入中

丙辛日戊子時符入中

丙辛日庚寅時九地開門臨九無奇

丙辛日甲午時符入中

丙辛日丁酉時九地開門臨四天丙

丁壬日辛丑時九地生門臨六乙加乙

丁壬日丙午時九地開門臨一無奇

乙庚日庚辰時九地生門臨九無奇

乙庚日丁亥時九地生門臨四天丁

丙辛日己丑時九地生門臨二無奇

丙辛日壬辰時九地生門臨三無奇

丙辛日丙申時九地生門臨一無奇

丙辛日戊戌時符入中

丁壬日甲辰時符入中

丁壬日戊申時符入中

丁壬日庚戌時九地生門臨九天丙　戊癸日甲寅時符入中

戊癸日丁巳時九地休門臨四無奇　戊癸日戊午時符入中

陰六局重詐

甲己日甲子時九地生門臨八丙加丙　甲己日丙寅時九地開門臨四無奇

甲己日己巳時符入中　甲己日庚午時九地休門臨二無奇

甲己日壬申時九地休門臨六無奇　乙庚日借死門己卯時符入中

乙庚日庚辰時九地生門臨二無奇　乙庚日甲申時九地生門臨八地丙

乙庚日乙酉時九地生門臨一天乙　乙庚日丙戌時九地生門臨四天丁

乙庚日丁亥時九地生門臨七地乙

丙辛日戊子時九地休門臨八地丙

丙辛日己丑時符入中

丙辛日辛卯時九地休門臨九地丁

丙辛日使超四壬辰時九地開門臨六天丙

丙辛日甲午時九地生門臨八地丙

丙辛日己亥時符入中

丁壬日庚子時九地休門臨二無奇

丁壬日甲辰時九地生門臨八地丙

丁壬日戊申時九地休門臨八地丙

丁壬日己酉時符入中

丁壬日使超四庚戌時九地開門臨二天丁

戊癸日甲寅時九地生門臨八地丙

戊癸日丁巳時九地休門臨七丙加乙

戊癸日己未時符入中

陰七局 重詐

甲己日甲子時九地休門臨二丁加丁

甲己日丙寅時使超四九地生門臨七無奇

甲己日庚午時符入中

甲己日辛未時九地開門臨二無奇

甲己日壬申時九地生門臨九地丙

甲己日癸酉時使伏九地開門臨六無奇

甲己日甲戌時九地休門臨二丙加丁

甲己日乙亥時使超四九地開門臨四無奇

乙庚日丁丑時九地開門臨三天乙

乙庚日己卯時符伏九地休門臨八乙加乙

乙庚日庚辰時符入中

乙庚日癸未時使伏九地開門臨六天丁

乙庚日丙戌時借死使九地生門臨七無奇

丙辛日癸巳時使超四九地生門臨六天丙

丙辛日甲午時九地休門臨一天丁

丙辛日戊戌時九地開門臨一地丁

丁壬日庚子時符入中

丁壬日辛丑時九地生門臨二無奇

丁壬日癸卯時九地開門臨六天乙

丁壬日甲辰時九地休門臨一地丁

丁壬日乙巳時九地休門臨四天乙

丁壬日丙午時九地休門臨七天丁

丁壬日丁未時九地休門臨三無奇

丁壬日戊申時九地生門臨一地丁

丁壬日庚戌時符入中

戊癸日癸丑時九地開門臨六無奇

戊癸日甲寅時九地休門臨一地丁

戊癸日乙卯時九地休門臨四無奇

戊癸日丙辰時九地開門臨七天丙

戊癸日戊午時九地開門臨一地丁

戊癸日己未時九地開門臨八地乙

戊癸日庚申時符入中

戊癸日辛酉時九地開門臨二天丙

戊癸日壬戌時九地開門臨九乙加丙

戊癸日癸亥時符伏癸亥九地開門臨六無奇

陰八局 重詐

甲己日乙丑時九地生門臨七無奇

甲己日戊辰時九地生門臨四無奇

甲己日己巳時九地開門臨二丁加丙

甲己日辛未時符入中

乙庚日己卯時符伏己卯九地生門臨二丙加丙

乙庚日庚辰時九地開門臨八天乙

乙庚日辛巳時符入中

丙辛日己丑時九地開門臨一乙加丙

丙辛日辛卯時符入中

丙辛日乙未時臨九地休門七無奇

丙辛日丁酉時臨九地開門六天乙

丙辛日戊戌時臨九地休門四天丙

丙辛日己亥時臨九地生門一地丙

丁壬日辛丑時符入中

丁壬日乙巳時臨九地開門七天丁

丁壬日丙午時臨九地休門三無奇

丁壬日辛亥時符入中

戊癸日辛酉時符入中

陰九局重詐

甲己日丁卯時臨九地生門九無奇

甲己日戊辰時符伏使超四臨九地開門七無奇

甲己日辛未時臨九地休門八天丙

甲己日壬申時符入中

乙庚日丙子時九地生門臨六天丁

乙庚日乙酉時九地生門臨三地丁

丙辛日壬辰時符入中

丙辛日戊戌時九地休門臨七無奇

丁壬日壬寅時符入中

丁壬日辛亥時九地休門臨八無奇

戊癸日使伏超四癸丑時九地開門臨二丁加丙

戊癸日壬戌時符入中

乙庚日壬午時符入中

乙庚日丁亥時九地開門臨九無奇

丙辛日丁酉時九地生門臨九天丁

丁壬日辛丑時九地開門臨八無奇

丁壬日借死使超四甲辰時九地休門臨七無奇

戊癸日壬子時符入中

戊癸日丁巳時九地開門臨九天乙

休詐

六合合奇門爲休詐出兵詐敵收降叛合軍中所需藥料祛禳等事吉九局同斷

陽一局休詐

甲己日己巳時六合生門天乙臨一　甲己日庚午時六合開門臨四

甲己日甲戌時六合休門伏一　乙庚日使超五丙戌時六合開門臨九地乙

丙辛日戊子時六合開門臨四　丙辛日己丑時六合生門臨一

丙辛日辛卯時六合休門臨七地丁　丙辛日己亥時六合開門臨一

丁壬日庚子時六合休門臨二

丁壬日辛亥時六合生門臨七丙加乙

戊癸日乙卯時六合休門臨六

陽二局 休詐

丙辛日戊戌時六合休門臨一地乙

丁壬日死使超乾癸卯時六合開門臨一地乙

丁壬日甲辰時六合休門臨一地乙

丁壬日戊申時六合開門臨一地乙

丁壬日己酉時六合開門臨二

戊癸日癸丑時六合生門臨一地乙

戊癸日甲寅時六合休門臨一地乙

戊癸日乙卯時六合休門臨四天乙

戊癸日丙辰時六合生門臨六

戊癸日丁巳時六合生門臨九丁加丙

戊癸日戊午時六合生門臨一地乙

戊癸日己未時六合生門臨二

戊癸日庚申時六合生門臨七天乙

戊癸日壬戌時六合生門臨三

戊癸日癸亥時六合生門臨八丁加丁

陽三局休詐

甲己日乙丑時六合開門臨二乙加丙

甲己日戊辰時六合生門臨二乙加乙

甲己日己巳時六合開門臨七無奇

甲己日庚午時符入中

乙庚日戊寅時六合開門臨二地乙

乙庚日庚辰時符入中

乙庚日辛巳時六合休門臨三天丙

丙辛日庚寅時符入中

丙辛日乙未時六合生門臨一地丙

丙辛日丙申時六合生門臨四天丁

丁壬日庚子時符入中

丁壬日壬寅時六合生門臨八無奇

丁壬日庚戌時符入中

丁壬日辛亥時使超四六合生門臨三無奇

戊癸日壬子時符伏六合休門臨八無奇

戊癸日庚申時符入中

陽四局休詳

甲己日乙丑時使超六六合生門臨二乙加丙

甲己日丁卯時六合休門臨四無奇

甲己日戊辰時六合休門臨七無奇

甲己日己巳時符入中

甲己日辛未時六合開門臨八無奇

甲己日癸酉時六合開門臨六天乙

乙庚日丙子時六合開門臨一地丁

乙庚日戊寅時六合開門臨七無奇

丙辛日癸巳時六合開門臨六天乙

丙辛日戊戌時六合開門臨七天丁

丁壬日癸卯時六合開門臨六無奇

丁壬日丁未時六合開門臨四天丙

戊癸日癸丑時六合開門臨六無奇

戊癸日丙辰時六合開門臨一地丁

乙庚日丁丑時六合開門臨四無奇

丙辛日庚寅時六合開門臨三乙加乙

丙辛日丁酉時六合生門臨四天丁

丁壬日使超六辛丑時六合休門臨八無奇

丁壬日丙午時六合生門臨一地丙

戊癸日壬子時六合開門臨九無奇

戊癸日乙卯時六合生門臨二地丙

戊癸日戊午時六合開門臨七天乙

戊癸日庚申時六合開門臨三地乙

戊癸日辛酉時六合開門臨八天丁

戊癸日壬戌時六合開門臨九天丁

戊癸日癸亥時六合開門臨六無奇

陽五局休詐

甲己日借死使己巳時六合開門臨三丁加丙

甲己日庚午時六合生門臨八無奇

甲己日辛未時六合開門臨九無奇

甲己日癸酉時六合生門臨四地乙

甲己日乙亥時六合開門臨七無奇

乙庚日戊寅時六合生門臨三乙加丙

乙庚日辛巳時六合休門臨九無奇

乙庚日使超乾伏壬午時六合開門臨六天丙

乙庚日丙戌時六合開門臨二地丁

丙辛日己亥時六合休門臨三地丙

丁壬日使超六己酉時　六合開門臨三地丙
戊癸日乙卯時　六合生門臨七天乙

陽六局休詐

甲己日丁卯時　六合休門臨二天乙
甲己日戊辰時　六合生門臨三丁加丁

甲己日庚午時　六合生門臨九無奇
乙庚日丙子時　六合休門臨七無奇

乙庚日庚辰時　六合開門臨九無奇
乙庚日癸未時　六合休門臨一無奇

乙庚日丙戌時　六合開門臨七無奇
乙庚日丁亥時　六合生門臨二無奇

丙辛日戊子時　六合生門臨三乙加丁
丙辛日己丑時　六合開門臨八無奇

丙辛日辛卯時　六合生門臨六天乙
丙辛日癸巳時　六合休門臨一無奇

丙辛日丁酉時六合開門臨二無奇
丁壬日庚子時六合生門臨九無奇

丁壬日癸卯時六合休門臨一無奇
戊癸日壬子時六合開門臨四丙加丙

戊癸日癸丑時六合休門臨一無奇
戊癸日丙辰時六合休門臨七天乙

戊癸日戊午時六合休門臨三地丁
戊癸日己未時六合休門臨八天丁

戊癸日庚申時六合休門臨九天丁
戊癸日辛酉時六合休門臨六無奇

戊癸日壬戌時六合休門臨四乙加丙
戊癸日符使俱伏癸亥時六合休門臨一癸加癸

陽七局休詐

甲己日符使俱伏甲子時六合生門臨八無奇
甲己日乙丑時六合開門臨三無奇

甲己日己巳時六合休門臨九無奇

甲己日甲戌時六合生門臨八無奇

乙庚日戊寅時六合休門臨八無奇

乙庚日甲申時六合生門臨八無奇

丙辛日使超乾己丑時六合生門臨九無奇

丙辛日甲午時六合生門臨八無奇

丁壬日甲辰時六合生門臨八無奇

戊癸日甲寅時六合生門臨八無奇

甲己日壬申時六合開門臨一天乙

甲己日乙亥時六合開門臨三天丙

乙庚日庚辰時六合生門臨六丙加乙

乙庚日丁亥時六合休門臨七無奇

丙辛日辛卯時六合生門臨四地丁

丁壬日庚子時六合生門臨六地乙

丁壬日戊申時六合開門臨八無奇

戊癸日乙卯時六合生門臨三無奇

戊癸日丁巳時六合生門臨七天乙

陽八局 休詐

甲己日壬申時六合休門臨二天乙

乙庚日丙子時六合生門臨三天丙

乙庚日丁丑時符入中

乙庚日庚辰時六合休門臨四無奇

乙庚日壬午時六合休門臨二無奇

乙庚日丙戌時六合休門臨三天乙

乙庚日丁亥時符入中

丙辛日己丑時六合休門臨六乙加丙

丙辛日辛卯時六合開門臨一無奇

丙辛日壬辰時六合生門臨二無奇

丙辛日丁酉時符入中

丁壬日庚子時六合開門臨四天丁

丁壬日符伏辛丑時六合生門臨一無奇

丁壬日乙巳時六合休門臨八無奇

丁壬日丁未時符入中

丁壬日戊申時六合休門臨九無奇

丁壬日己酉時六合休門臨六地丙

丁壬日庚戌時六合生門臨四天丙

戊癸日丁巳時符入中

陽九局休詐

甲己日甲子時六合開門臨六丁加丁

甲己日乙丑時六合休門臨九無奇

甲己日丙寅時六合休門臨八地乙

甲己日戊辰時六合休門臨六丁加丁

甲己日使超乾己己時六合休門臨四無奇

甲己日壬申時六合生門臨七地丙

甲己日癸酉時符八中

甲己日乙亥時六合開門臨九無奇

乙庚日丁丑時六合開門臨三天丙

乙庚日癸未時符八中

乙庚日乙酉時六合開門臨九無奇

丙辛日癸巳時符八中

丁壬日辛丑時六合開門臨二無奇

丁壬日乙巳使超六時六合休門臨九無奇

甲己日甲戌時六合開門臨六丙加丁

乙庚日丙子時六合開門臨八地乙

乙庚日戊寅時六合休門臨六丙加丁

乙庚日甲申時六合開門臨六乙加丁

乙庚日丁亥使超乾時六合休門臨三天乙

丙辛日甲午時六合開門臨六地丁

丁壬日甲辰時六合開門臨六地丁

丁壬日丁未時六合開門臨三無奇

戊癸日壬子時 符伏 六合開門臨七丙加丙
戊癸日癸丑時 符入中

戊癸日丙辰時 六合休門臨八丁加乙
戊癸日戊午時 六合休門臨六地丁

戊癸日己未時 六合休門臨四天乙
戊癸日庚申時 六合休門臨一無奇

戊癸日辛酉時 六合休門臨二無奇
戊癸日壬戌時 六合休門臨七乙加丙

戊癸日癸亥時 符入中

陰一局 休詐

甲己日辛未時 六合生門臨四地丁
甲己日壬申時 六合開門臨九天丁

甲己日癸酉時 符入中
乙庚日庚辰時 六合休門臨七無奇

乙庚日壬午時六合休門臨九天丙　乙庚日癸未時符入中

乙庚日丙戌時六合生門臨六天乙　丙辛日己丑時六合休門臨八無奇

丙辛日壬辰時六合生門臨九天乙　丙辛日癸巳時符入中

丙辛日乙未時六合生門臨三地丙　丙辛日戊戌時六合生門臨二地乙

丁壬日壬寅時六合生門臨九無奇　丁壬日癸卯時符入中

丁壬日戊申時六合開門臨二地乙　丁壬日己酉時六合休門臨八無奇

丁壬日庚戌時六合生門臨七無奇　丁壬日辛亥時六合生門臨四丙加丁

戊癸日癸丑時符入中　戊癸日借死使超巽伏甲寅時六合開門臨二地乙

戊癸日丁巳時六合休門臨一天乙

戊癸日癸亥時符八中

陰二局休詐

甲己日丙寅時六合生門臨一無奇

甲己日丁卯時符八中

甲己日戊辰時六合生門臨三乙加乙

甲己日辛未時六合休門臨七無奇

乙庚日丙子時六合開門臨一無奇

乙庚日丁丑時符八中

乙庚日丁亥時符入中

丙辛日壬辰時六合開門臨四地丙

丙辛日丁酉時符入中

丙辛日戊戌時六合休門臨三地乙

丁壬日辛丑時六合開門臨七無奇

丁壬日壬寅時六合休門臨四丁加丙

丁壬日丁未時符入中

丁壬日庚戌時六合開門臨八無奇

丁壬日辛亥時六合休門臨七無奇

戊癸日壬子時符伏六合休門臨四丙加丙

戊癸日丁巳時符入中

陰三局休詐

甲己日甲子時六合開門臨六丁加丁

甲己日乙丑時六合生門臨三無奇

甲己日丙寅時符入中

甲己日戊辰時六合休門臨六丁加丁

甲己日庚午時六合休門臨二天乙

甲己日辛未時使超四六合休門臨八無奇

甲己日甲戌時六合開門臨六丙加丁

乙庚日丙子時符入中

乙庚日丁丑時 六合休門 臨九天丙

乙庚日己卯時 六合休門 臨三無奇

乙庚日庚辰使超四時 六合開門 臨二無奇

乙庚日壬午時 六合生門 臨七無奇

乙庚日甲申時 六合開門 臨六乙加丁

乙庚日丙戌時 符入中

丙辛日戊子時 六合休門 臨六乙加丁

丙辛日己丑使超四時 六合開門 臨三無奇

丙辛日辛卯時 六合開門 臨八無奇

丙辛日壬辰時 六合生門 臨七無奇

丙辛日甲午時 六合開門 臨六地丁

丙辛日丙申時 符入中

丙辛日丁酉時 六合生門 臨九無奇

丙辛日戊戌使超四時 六合休門 臨六地乙

丁壬日庚子時 六合開門 臨二無奇

丁壬日辛丑時 六合休門 臨入無奇

丁壬日甲辰時六合開門臨六地丁

丁壬日丙午時符入中

丁壬日己酉時六合生門臨三無奇

丁壬日庚戌時六合生門臨二無奇

戊癸日甲寅時六合開門臨六地丁

戊癸日乙卯時六合開門臨一天乙

戊癸日丙辰時符入中

戊癸日丁巳時六合開門臨一無奇

陰四局休詐

甲己日甲子時六合休門臨一無奇

甲己日乙丑時符入中

甲己日戊辰時六合開門臨一無奇

甲己日己巳時六合生門臨六丁加丙

甲己日庚午時六合開門臨三天乙

甲己日辛未時六合生門臨二天乙

甲己日使超四壬申時　六合生門臨八無奇

甲己日乙亥時　符入中

乙庚日戊寅時　六合生門臨一無奇

乙庚日甲申時　六合休門臨一無奇

乙庚日丁亥時　六合開門臨四無奇

丙辛日辛卯時　六合開門臨二無奇

丙辛日甲午時　六合開門臨一天丁

丙辛日戊戌時　六合生門臨一天丁

甲己日甲戌時　六合休門臨一無奇

乙庚日丁丑時　六合生門臨四無奇

乙庚日壬午時　六合休門臨八無奇

乙庚日乙酉時　符入中

丙辛日戊子時　六合開門臨一無奇

丙辛日癸巳時　六合開門臨七地丁

丙辛日辛未時　符入中

丁壬日庚子時　六合開門臨三無奇

丁壬日癸卯時六合開門臨七地丁
丁壬日甲辰時六合休門臨一地乙

丁壬日乙巳時符八中
丁壬日丁未時六合休門臨四天丙

丁壬日使超四戊申時六合生門臨一天丙
丁壬日己酉時六合生門臨六地丙

戊癸日甲寅時六合休門臨一天乙
戊癸日乙卯時符八中

戊癸日使超四丁巳時六合生門臨四天乙

陰五局休詐

甲己日借死使超四甲子時六合休門臨一無奇
甲己日戊辰時符八中

甲己日己巳時六合生門臨一無奇
甲己日辛未時六合生門臨三天乙

甲己日甲戌時符入中

乙庚日丁丑時六合生門臨七地丙

乙庚日癸未時六合生門臨八地丁

乙庚日乙酉時六合生門臨九天乙

丙辛日使超四辛卯時六合生門臨三無奇

丙辛日使伏癸巳時六合生門臨入地丁

丙辛日戊戌時符入中

丁壬日壬寅時六合休門臨二無奇

乙庚日丙子時六合生門臨四無奇

乙庚日戊寅時符入中

乙庚日甲申時符入中

丙辛日戊子時符入中

丙辛日甲午時符入中

丙辛日乙未時六合生門臨九無奇

丁壬月使超四庚子時六合生門臨六地乙

丁壬日癸卯時六合生門臨八地丁

丁壬日甲辰時符入中

丁壬日乙巳時六合休門臨九無奇

丁壬日丁未時六合休門臨七地丙

丁壬日戊申時符入中

丁壬日辛亥時六合休門臨三無奇

戊癸日壬子時六合休門臨二無奇

戊癸日癸丑時六合生門臨入地丁

戊癸日甲寅時符入中

戊癸日乙卯時六合開門臨九無奇

戊癸日丙辰時六合生門臨四天乙

戊癸日戊午時符入中

戊癸日己未時六合生門臨一天乙

戊癸日庚申時六合生門臨六地乙

戊癸日辛酉時六合生門臨三無奇

戊癸日壬戌時六合生門臨二無奇

戊癸日癸亥時六合生門臨入丁加丁

陰六局 休詐

甲己日乙丑時 使超四 六合開門 臨四無奇

乙庚日丙子時 借死使 六合生門 臨七地乙

乙庚日戊寅時 六合生門 臨九丙加丁

乙庚日壬午時 六合休門 臨三無奇

丙辛日己丑時 符入中

丙辛日丙申時 六合休門 臨七地乙

丙辛日己亥時 符入中

甲己日己巳時 符入中

乙庚日丁丑時 六合生門 臨入地丙

乙庚日己卯時 符入中

乙庚日癸未時 使超四 六合開門 臨二無奇

丙辛日乙未時 六合休門 臨四天丁

丙辛日丁酉時 六合開門 臨入地丙

丁壬日壬寅時 六合生門 臨三無奇

丁壬日乙巳時六合休門臨四天丙

丁壬日丙午時六合開門臨七地乙

丁壬日己酉時符入中

丁壬日辛亥時六合生門臨六無奇

丁壬日辛亥時六合生門臨六無奇

戊癸日乙卯時六合開門臨四天乙

戊癸日己未時符入中

陰七局 休詐

甲己日丁卯時六合休門臨二天乙

甲己日戊辰時六合開門臨四無奇

甲己日庚午時符入中

乙庚日庚辰時符入中

乙庚日壬午時借死使六合休門臨六天丙

乙庚日乙酉時六合休門臨七無奇

丙辛日戊子時 六合休門臨四無奇

丙辛日庚寅時 符入中

丙辛日辛卯時 六合開門臨一地丁

丙辛日乙未時 六合開門臨七無奇

丙辛日丙申時 六合開門臨八地乙

丙辛日丁酉時 六合休門臨二無奇

丁壬日庚子時 符入中

丁壬日壬寅時 六合開門臨六天乙

丁壬日己酉時 六合休門臨九地丙

丁壬日庚戌時 符入中

丁壬日辛亥使超四時 六合開門臨二丙加丁

戊癸日丁巳時 六合生門臨二無奇

戊癸日庚申時 符入中

陰八局 休詐

甲己日丙寅時六合開門臨二乙加丁　甲己日丁卯時使超四六合休門臨三天乙

甲己日庚午時六合休門臨九丁加乙　甲己日辛未時符入中

甲己日癸酉時六合開門臨六天丁　甲己日乙亥時六合休門臨八無奇

乙庚日丙子時六合休門臨二地丁　乙庚日戊寅時六合生門臨七無奇

乙庚日辛巳時符入中　乙庚日癸未時六合開門臨六天丙

乙庚日丙戌時六合生門臨二地丁　乙庚日丁亥時六合開門臨三無奇

丙辛日戊子時六合休門臨七無奇　丙辛日庚寅時六合開門臨九乙加乙

丙辛日辛卯時符入中　丙辛日壬辰時六合生門臨一地丙

丙辛日癸巳時 六合開門 臨六天乙

丙辛日丙申時 六合休門 臨二地丁

丁壬日辛丑時 符入中

丁壬日庚戌時 六合生門 臨九地乙

戊癸日 使超四 壬子 時 六合休門 臨二丙加丙

戊癸日丙辰時 六合開門 臨二地丁

戊癸日戊午時 六合開門 臨七天丁

戊癸日庚申時 六合開門 臨九地乙

丙辛日 借死使超 四甲午 時 六合休門 臨七無奇

丁壬日庚子時 六合休門 臨九地乙

丁壬日 使超四 伏癸卯 時 六合生門 臨六無奇

丁壬日辛亥時 符入中

戊癸日癸丑時 六合開門 臨六無奇

戊癸日丁巳時 六合休門 臨三無奇

戊癸日己未時 六合開門 臨四天乙

戊癸日辛酉時 符入中

戊癸日壬戌時六合開門臨一乙加丙

戊癸日癸亥時六合開門臨六無奇

陰九局休詐

甲己日甲子時六合生門臨八無奇

甲己日乙丑時六合休門臨二乙加丙

甲己日丙寅時六合休門臨三乙加丁

甲己日己巳時六合開門臨七無奇

甲己日壬申時符入中

甲己日伏使癸酉時六合休門臨一地乙

甲己日甲戌時六合生門臨八無奇

甲己日乙亥時六合休門臨二地丙

乙庚日戊寅時六合開門臨八無奇

乙庚日庚辰時六合開門臨四無奇

乙庚日壬午時符入中

乙庚日癸未時六合休門臨一地乙

乙庚日甲申時六合生門臨八無奇

丙辛日庚寅時六合生門臨四無奇

丙辛日癸巳時六合休門臨一地乙

丙辛日使超四乙未時六合生門臨二地丙

丁壬日癸卯時六合休門臨二丁加乙

丁壬日丁未時六合開門臨六無奇

丁壬日庚戌時六合開門臨四天丙

戊癸日甲寅時六合生門臨八天乙

丙辛日己丑時六合開門臨七無奇

丙辛日壬辰時符入中

丙辛日甲午時六合生門臨八無奇

丁壬日壬寅時符入中

丁壬日借死使乙巳時六合開門臨二地丙

丁壬日己酉時六合開門臨七無奇

戊癸日壬子時符入中

戊癸日丙辰時六合休門臨三地丁

戊癸日戊午時六合休門臨八天丁

戊癸日己未時六合休門臨七天丁

戊癸日庚申時六合休門臨四天乙

戊癸日辛酉時六合休門臨九無奇

戊癸日壬戌時符入中

戊癸日癸亥時六合休門臨一乙加乙

奇門行軍要略卷三目錄

寶鑑玉兎遊山　寶鑑玉兎歸垣

寶鑑玉女留卽　寶鑑日月合明

寶鑑天地合德　三奇得使立成

十干日徛加六十正時

寶鑑三奇加十干格立成　星門旺相廢休囚立成

長生起例附墓宮

奇門行軍要畧卷三

高明劉文瀾墨池纂

六假格

奇門六假各隨所宜取用其方大利蓋杜景驚死傷五門合乙丙丁及巳壬癸三儀更逢九天九地太陰六合四吉將其方若無賊克復有旺氣並爲吉也

天假

九天丙奇合景門飛門臨戊上地盤更值天月二德吉神同到爲天

假正月天德丁月德丙　二月天德坤月德甲　三月天德壬月德壬　四月天德辛月德庚　五月天德乾月德丙　六月天德甲月德甲　七月天德癸月德壬　八月天德艮月德庚　九月天德丙月德丙　十月天德乙月德甲　十一月天德巽月德壬　十二月天德庚月德庚　得福神之蔽三奇之靈宜陳利使獻謀策求謁及出師揚兵示威衝鋒突陣將計就計誑賊戰陣吉

陽一局至九局俱查無此格

陰一局至八局俱查無此格

陰九局丁壬日癸卯時九天景門臨九天丙地戊

地假

九地丁奇合杜門（飛門）臨巳上（地盤）爲地假得陰神之蔽其方出入人不能見宜潛伏安營遣人布散謠言行間諜探密事偷營寨及爲陷坑均吉

陽一局至六局俱查無此格

陽七局（乙庚）日丁亥時九地杜門臨八天丁奇地盤巳

陽八局（丁壬）日乙巳時九地杜門臨九天丁奇地盤巳

陽九局查無此格

陰遁

陰一局查無此格

陰二局甲巳日壬申時九地杜門天丁地盤巳臨一宮

陰三局至九局俱查無此格

人假

騰蛇六壬貴人例取合驚門飛門臨坤方爲人假得天神之蔽宜捕捉逃亡伏兵邀擊及設謀局使人詐降或僞爲書引誘欺誑敵人遮掩變易偷營劫寨並鬪訟移徙吉

陽一局至七局俱查無此格

陽八局丙辛日巳丑時螣蛇六壬合驚門臨坤方

陽九局査無此格

陰局九局盡査無此格

神假

白虎貴人倒取六庚地盤合傷門臨巽方為神假得地神之蔽利埋葬

捕捉詐亡匿藏假借神語物揖服敵衆並嫁娶商賈立勝等吉

陽一局査無此格

陽二局査無此格

陽三局丁壬日辛亥時白虎合傷門天庚臨巽方

陽四局至九局俱無此格

陰一局至八局俱查無此格

陰九局甲己日辛未時白虎傷門天盤庚臨巽方

鬼假

朱雀貴人例取六巳地盤合死門飛門臨艮土爲鬼假宜伏兵潛隱令人不知敵人不敢侵誅兇伐暴除害陷於計中而不覺捕賊行刑匿亡詐死埋塟安厝皆吉

陽一局查無此格

陽二局戊癸日巳未時朱雀死門天巳臨艮丑方

陽三局至九局俱查無此格

陰局九局盡查無此格

物假

太陰直符例取丁奇天盤合杜門飛門臨巳上地盤爲物假借器具營室立

營詐敵等吉

陽一局查無此格

陽二局丁壬日乙巳時太陰杜門地巳天丁奇臨三宮

陽三局乙庚日癸未時太陰杜門地巳天丁臨四宮

陽四局至八局俱查無此格

陽九局丙辛日丙申時太陰杜門天丁地巳臨一宮

陰局九局盡無此格

日麗中天

乙奇合生門加丁宜上官謁貴謀望求財考試決科投兵任將

移徒嫁娶造葬開門放水興師發馬豎旗建營等吉

陽一局甲己日乙亥時乙合生門加地丁臨七宮

陽二局乙庚日甲申時乙合生門加丁臨八宮

陽三局至五局俱查無此格

陽六局丙辛日戊子時乙合生門加丁臨三宮

陽七局至九局俱查無此格

陰一局丙辛日戊子時乙合生加丁臨四宮

陰二局查無此格

陰三局甲己日丙寅時乙合生門臨六宮加地丁

戊癸日辛酉時乙合生門臨六宮加地丁

陰四局查無此格

陰五局乙庚日甲申時乙合生門臨八宮加地丁

陰六局至八局俱查無此格

陰九局丙辛日巳亥時乙合生門臨三宮加地丁

玉兎飲泉

乙奇合生門加坎宜上應試求賢見貴謀望求財出造塟等吉

陽一局甲巳日巳巳時乙合生門加坎一宮

丁壬日壬寅時乙合生門加坎一宮

陽二局乙庚日巳卯時乙合生門臨坎宮地乙奇

陽三局至五局俱查無此格

陽六局乙庚日丙戌時乙合生門臨坎一宮

使趨六

丁壬日戊申時乙合生門臨坎一宮

陽七局至九局俱查無此格

陰一局丙辛日辛卯時乙合生門臨坎一宮

陰二局至四局俱查無此格

陰五局丁壬日戊申時乙合生門臨一宮

戊癸日巳未時乙合生門臨一宮

陰六局乙庚日乙酉時乙合生門臨一宮

丙辛日戊戌時乙合生門臨一宮

陰七局查無此格

陰八局查無此格

陰九局甲己日戊辰時乙合生門臨一宮加地乙

玉兎中天又名當陽

乙奇合吉門到離事宜顯陽百凡乘旺利達興隆兵家行人俱
得勝算吉

陽遁

陽一局查無此格

陽二局甲巳日乙丑時乙合開門臨九地丙

乙庚日戊寅時乙合休門臨九地丙

丁壬日辛亥時乙合休門臨九地丙

使超六

陽三局甲巳日丙寅時乙合開門臨九地丁

使起六

甲己日乙亥時乙合休門臨九地丁

丁壬日庚戌時乙合開門臨九地丁

陽四局甲己日丁卯時乙合生門臨九

陽五局乙庚日丁丑時乙合開門臨九

丙辛日乙未時乙合生門臨九

陽六局乙庚日丁亥時乙合休門臨九宮

丁壬日乙巳時乙合開門臨九

陽七局乙庚日壬午時乙合開門臨九

丙辛日丁酉時乙合生門臨九

陽八局

丙辛日壬辰時乙合休門臨九

丁壬日丁未時乙合開門臨九

戊癸日丙辰時乙合休門臨九　假起六

陽九局

甲己日己巳時乙合生門臨九

丁壬日壬寅時乙合生門臨九　借死使

戊癸日丁巳時乙合休門臨九

陰遁

陰一局 甲己日庚午時乙合生門臨九

丙辛日壬辰時乙合生門臨九

丁壬日丁未時乙合生門臨九

戊癸日丙辰時乙合開門臨九

陰二局 乙庚日壬午時乙合開門臨九

丁壬日丙午時乙合開門臨九

戊癸日乙卯時乙合休門臨九

陰三局 丁壬日乙巳時乙合開門臨九

戊癸日戊午時乙合休門臨九

陰四局

丙辛日乙未時乙合休門臨九

陰五局

乙庚日乙酉時乙合生門臨九

丁壬日巳酉時乙合生門臨九

陰六局

甲巳日丙寅時乙合休門臨九

丙辛日巳亥時乙合休門臨九

陰七局

丁壬日庚子時乙合生門臨九

戊癸日壬戌時乙合開門臨九

陰八局丙辛日庚寅時乙合開門臨九

陰九局乙庚日庚辰時乙合休門臨九

戊癸日丁巳時乙合開門臨九

玉兎乘風

乙奇合吉門到巽百事易成力省功倍鬬戰軍雄一可當千天風下助背風順而擊之

陽遁

陽一局甲己日壬申時乙合開門臨四

丙辛日丙申時乙合開門臨四

借死使

丁壬日乙巳時乙合生門臨四

陽二局

乙庚日壬午時乙合休門臨四

丙辛日丁酉時乙合開門臨四

丁壬日丙午時乙合生門臨四

戊癸日乙卯時乙合休門臨四

陽三局

甲己日庚午時乙合生門臨四

乙庚日辛巳時乙合生門臨四

丁壬日丁未時乙合生門臨四

陽四局 丙辛日辛卯時乙合開門臨四

借死使超六

陽五局 甲己日甲子時乙合生門臨四

陽六局 丙辛日己丑時乙合生門臨四

丁壬日庚子時乙合休門臨四

戊癸日壬戌時乙合休門臨四

陽七局 甲己日乙亥時乙合休門臨四地丁

丁壬日庚戌時乙合開門臨四地丁

陽八局　甲己日丁卯時　乙合開門　臨四

丙辛日戊戌時　乙合生門　臨四

陽九局　乙庚日丁丑時　借死使　乙合休門　臨四

戊癸日己未時　乙合休門　臨四

陰遁

陰一局　丙辛日戊子時　乙合生門　臨四地丁

陰二局　甲己日乙丑時　乙合休門　臨四地丙

丁壬日庚子時　乙合開門　臨四地丙

陰三局 乙庚日己卯時 乙合生門臨四地乙

丙辛日庚寅時 乙合休門臨四地乙

戊癸日壬子時 乙合休門臨四地乙

陰四局 戊癸日丁巳時 乙合生門臨四

陰五局 甲己日庚午時 乙合開門臨四

乙庚日辛巳時 乙合開門臨四

戊癸日丙辰時 乙合生門臨四

陰六局 甲己日辛未時 乙合生門臨四

乙庚日壬午時乙合生門臨四

丙辛日丁酉時乙合生門臨四

戊癸日乙卯時乙合開門臨四

陰七局

甲己日壬申時乙合休門臨四

丙辛日丙申時乙合生門臨四

丁壬日乙巳時乙合休門臨四

陰八局

乙庚日丙戌時乙合開門臨四

戊癸日己未時乙合開門臨四

陰九局甲巳日丁卯時乙合休門臨四

戊癸日辛酉時乙合休門臨四

玉兎遊山

乙奇合吉門到艮入於帝旺之鄉（寅）宜上官謁貴登科求財獲

寶凡出兵征討威聲遠振凡百祥應

陽遁

陽一局甲巳日甲戌時乙合生門臨八地丙

乙庚日戊寅時乙合開門臨八地丙

戊癸日壬戌時乙合生門臨入地丙

陽二局

甲己日乙亥時乙合休門臨入地丁

乙庚日甲申時乙合生門臨入地丁

戊癸日辛酉時乙合休門臨入地丁 借死使

陽三局

乙庚日乙酉時乙合開門臨入

丙辛日甲午時乙合生門臨入

丙辛日戊戌時乙合休門臨入

陽四局

甲己日癸酉時乙合生門臨入

乙庚日丙戌時乙合開門臨入

丁壬日甲辰時乙合生門臨入

丁壬日戊申時乙合休門臨入

陽五局

乙庚日癸未時乙合生門臨入

乙庚日丁亥時乙合開門臨入

戊癸日甲寅時乙合生門臨入

陽六局

乙庚日壬午時乙合休門臨入

丙辛日癸巳時乙合生門臨入

丁壬日丙午時乙合開門臨八

陽七局丁壬日癸卯時乙合生門臨八

便超六

丁壬日丁未時乙合開門臨八

陽八局甲巳日巳巳時乙合開門臨八

丙辛日辛卯時乙合休門臨八

陽九局甲巳日甲子時乙合生門臨八地乙

戊癸日癸亥時乙合開門臨八地乙

陰遁

陰一局

甲巳日辛未時乙合開門臨八

丙辛日癸巳時乙合生門臨八

陰二局

乙庚日癸未時乙合生門臨八

丁壬日乙巳時乙合休門臨八

戊癸日甲寅時乙合生門臨八

陰三局

甲巳日癸酉時乙合生門臨八

乙庚日丙戌時乙合休門臨八

丁壬日甲辰時乙合生門臨八

陰四局丙辛日甲午時乙合生門臨八

陰五局乙庚日甲申時乙合生門臨八加丁

丙辛日己亥時乙合開門臨八加丁

戊癸日辛酉時乙合休門臨八加丁

陰六局查無此格

陰七局甲己日甲子時乙合生門臨八地乙

乙庚日己卯時乙合休門臨八地乙

戊癸日壬子時乙合休門臨八加乙

戊癸日癸亥時乙合生門臨八加乙

陰八局

甲己日己巳時乙合休門臨八

乙庚日庚辰時乙合開門臨八

丙辛日辛卯時乙合開門臨八

借死使

丁壬日壬寅時乙合開門臨八

戊癸日癸丑時乙合生門臨八

戊癸日丁巳時乙合開門臨八

陰九局

丁壬日癸卯時乙合生門臨八

丁壬日丁未時乙合生門臨八

戊癸日丙辰時乙合開門臨八

玉兎歸垣

乙奇合吉門到震是乙坐祿位升殿歸垣凡謁見上官求財决科謀等事不求自獲俱有意外之遇出兵得敵粮草輜重開疆得地得人營寨車馬百事和諧

陽遁

陽一局甲己日辛未時乙合生門臨三

乙庚日壬午時乙合開門臨三

丙辛日丁酉時乙合開門臨三

丁壬日丙午時乙合生門臨三

陽二局

丁壬日癸卯時乙合休門臨三

陽三局查無此格皆死使

陽四局

乙庚日己卯時乙合開門臨三地乙

丙辛日庚寅時乙合開門臨三地乙

丁壬日辛丑時乙合生門臨三地乙

傷死使

陽五局甲巳日乙丑時乙合休門臨三地丙

乙庚日戊寅時乙合生門臨三地丙

丁壬日辛亥時乙合休門臨三地丙

陽六局甲巳日丙寅時乙合休門臨三地丁

甲巳日乙亥時乙合開門臨三地丁

使起六

丙辛日戊子時乙合生門臨三地丁

丙辛日巳亥時乙合開門臨三地丁

陽七局甲巳日丁卯時乙合休門臨三

丁壬日巳酉時乙合生門臨三

戊癸日庚申時乙合休門臨三

陽八局乙庚日丙戌時乙合休門臨三

戊癸日巳未時乙合生門臨三

陽九局乙庚日丁亥時乙合休門臨三

戊癸日甲寅時乙合休門臨三

陰遁

陰一局丙辛日巳丑時乙合生門臨三地丙

丁壬日庚子時乙合休門臨三地丙

丁壬日辛亥時乙合休門臨三地丙

戊癸日壬戌時乙合休門臨三地丙

陰二局甲己日戊辰時乙合生門臨三地乙 超四

乙庚日己卯時乙合開門臨三地乙

戊癸日壬子時乙合開門臨三地乙

陰三局丙辛日辛卯時乙合休門臨三

陰四局甲己日庚午時乙合開門臨三

乙庚日辛巳時乙合生門臨三

丁壬日丁未時乙合開門臨三

陰五局甲己日辛未時乙合生門臨三

丁壬日丙午時乙合生門臨三

陰六局丁壬日乙巳時乙合開門臨三

陰七局乙庚日丁丑時乙合開門臨三

陰八局查無此格

寶鑑玉女留郎

丁奇合三吉門到巽方乃丁臨帝旺之鄉凡謁官覲闕望名移

徙造葬嫁娶吉祥更大利發兵有神助出奇制勝屢建奇功

陽遁

陽一局　甲己日丁卯時　丁合休門臨巽四

陽二局　乙庚日丙戌時　丁合開門臨巽四

陽三局　甲己日壬申時　丁合休門臨巽四

丙辛日丙申時　丁合生門臨巽四

戊癸日戊午時　丁合生門臨巽四

陽四局　丁壬日丁未時　丁合生門臨巽四

戊癸日乙卯時丁合開門臨巽四

陽五局

乙庚日辛巳時丁合開門臨巽四

戊癸日丙辰時丁合生門臨巽四

陽七局

乙庚日巳卯時丁合生門臨巽四　此局又合反伏吟不吉

丙辛日庚寅時丁合休門臨巽四　又庚符加庚太白格凶

戊癸日壬子時丁合休門臨巽四

陽八局

甲巳日乙丑時丁合休門臨巽四

丁壬日庚子時丁合開門臨巽四　又合丁奇得虎使

陽九局丙辛日戊子時丁合生門臨巽四　又合丁奇得龍使

陰遁

陰一局查無此格

陰二局甲己日己巳時丁合生門臨巽四

乙庚日庚辰時丁合休門臨巽四

丁壬日壬寅時丁合休門臨巽四

陰三局查無此格

陰四局甲己日辛未時丁合開門臨巽四

陰五局乙庚日丁亥時丁合生門臨巽四

丁壬日乙巳時丁合開門臨巽四

陰六局乙庚日丙戌時丁合生門臨巽四

丙辛日乙未時丁合休門臨巽四

陰七局乙庚日丙子時丁合開門臨巽四

陰八局丁壬日庚戌時丁合休門臨巽四　又合丁奇得虎使

陰九局乙庚日戊寅時丁合生門臨巽四　又合丁奇得虎使

寶鑑日月合明

天上六乙合三吉門加地盤丙月奇宜招安訪賢納將上官求財求醫科試謁貴謀事合夥尋師學道和事交易嫁娶造葬均吉向其方更吉

陽遁

陽一局乙庚日戊寅時　乙奇長生合開門宮生加地丙長生在艮八

陽二局甲己日乙丑時　乙奇長生合開門宮魁加地丙登殿在離九

乙庚日戊寅時　乙奇長生合休門魁宮加地丙登殿在離九

陽三局甲己日乙丑時　乙奇合開門生宮加地丙在坎一

陽四局乙奇臨二宮入墓不選

陽五局乙庚日戊寅時　乙奇登殿合生門加地丙在震三

丁壬日辛亥時　乙奇登殿合休門生宮加地丙在震三

陽六局丙辛日己丑時　乙奇合生門魁宮加地丙在巽四

丁壬日庚子時　乙奇合休門生宮加地丙在巽四

戊癸日壬戌時　乙奇合休門生宮加地丙在巽四

陽七局在中宮不選

陽八局乙庚日戊寅時　乙奇墓宮合休門宮生加地丙墓宮在乾六

丙辛日己丑時　乙奇墓宮合休門宮生加地丙墓宮在乾六

丁壬日辛亥時　乙奇墓宮合生門生宮加地丙墓宮在乾六

戊癸日壬戌時　乙奇墓宮合休門宮生加地丙墓宮在乾六

陽九局

乙庚日戊寅時　乙奇絶宮合開門比和加地丙在兌七

戊癸日壬戌時　乙奇絶宮合休門宮生加地丙在兌七

已上乙奇逢墓絶宮不利客兵丙奇居墓主客宜靜但宜

交和

陰遁

陰一局丙辛日己丑時　乙奇登殿合生門宮尅加地丙在震三太陰臨

丁壬日庚子時　乙奇登殿合休門生宮加地丙在震三

陰二局丁壬日庚子時　乙奇合開門尅宮加地丙在巽四

陰三局乙丙二奇俱入中宮不選

陰四局甲己日乙丑時　乙奇墓宮合休門宮生加地丙墓宮在乾六

乙庚日戊寅時　乙奇墓宮合休門宮生加地丙墓宮在乾六

已上乙丙二奇俱入墓宮主客兵宜相和惟宮生門客

兵稍占便宜

五六二局查無此格

陰七局丁壬日庚子時　乙奇長生合生門官生加地丙居旺在離九

陰八局丙辛日己丑時　乙奇長生合開門生宮加地丙在坎一

陰九局甲己日乙丑時　乙奇合休門宮魁加地丙在坤二六合

丁壬日庚子時　乙奇合休門宮魁加地丙在坤二

寶鑑天地合德

天上六戊天門合三吉門加六己地戶宜謁貴受封覲君授書拜將

客宴會婚嫁和仇解怨撫叛招安

陽遁

陽一局戊癸日丁巳時戊合休門加巳臨坤　附離宮丙奇合開門臨地乙

陽二局甲己日己巳時戊合生門加巳臨震　乙庚日庚辰時戊合休門加巳臨震

丙辛日辛卯時戊合休門加巳臨震

陽三局戊癸日丁巳時戊合開門加巳臨巽

陽四局戊巳二儀入中五土王用事不選

陽五局戊癸日癸丑時戊合開門加巳臨乾　附本日丁巳時丙合休加乙四丁合開加丙三

陽六局甲己日己巳時戊合休門加巳臨兌　乙庚日庚辰時戊合生門加巳臨兌

丙辛日辛卯時戊合休門加巳臨兌　丁壬日壬寅時戊合生門加巳臨兌

陽七局　丙辛日辛卯時戊合開門加巳臨艮

陽八局　乙庚日庚辰時戊合生門加巳臨離　丁壬日壬寅時戊合生門加巳臨離

戊癸日丁巳時戊合生門加巳臨離

陽九局　丙辛日辛卯時戊合生門加巳臨坎

陰遁

陰一局　丁壬日壬寅時戊合生門加巳臨離

陰二局　丙辛日辛卯時戊合開門加巳臨坎　戊癸日癸丑時戊合休門加巳臨坎

陰三局甲己日己巳時戊合開門加己臨坤　戊癸日丁巳時戊合休門加己臨坤

陰四局查無此格

陰五局乙庚日庚辰時戊合生門加己臨巽　戊癸日丁巳時戊合休門加己臨巽

陰六局查無此格

陰七局甲己日己巳時戊合休門加己臨乾　戊癸日癸丑時戊合開門加己臨乾

陰八九兩局查無此格

三奇得使論三奇得使之吉凡用時逢之百事有權而吉方道逢之出入亨通戰大勝

遁甲之書重在本時之干支故其起例以本時干加臨九星爲

值符以本時支加臨八門爲值使曰使者卽如古之樞密使令之布按使司之類乃職官之謂也曰符者卽印信文書符璽之謂如職官奉符璽文書以行事而甲巳爲符頭則握符璽之樞運行於鴻濛孰謂甲畏庚金而遂遁焉然符非得使孰與奉行使非得符何所憑據也故三奇得使非徒謂三奇得之也乃謂六甲符頭得此三奇之使耳故行軍最利大將威權敵人畏懼

乙奇得使立成　乙奇加甲戌巳謂得犬使加甲午辛謂得馬使

甲巳日庚午時乙奇得犬使陽局陰局排定爲式右是局左是使

直取下如陽一局得犬使在二宮二局使在三宮如陰局一局使在九宮二局使在一宮餘如此推

陽局	一	二	三	四	五	六	七	八	九
犬使	二	三	四	五	六	七	八	九	一
陰局	一	二	三	四	五	六	七	八	九
犬使	九	一	二	三	四	五	六	七	八

甲己日壬申時乙奇得馬使如上法取

陽局	一	二	三	四	五	六	七	八	九
馬使	四	五	六	七	八	九	一	二	三
陰局	一	二	三	四	五	六	七	八	九
馬使	七	八	九	一	二	三	四	五	六

乙庚日辛巳時乙奇得犬使如上法取

陽局	一	二	三	四	五	六	七	八	九
犬使	二	三	四	五	六	七	八	九	一
陰局	一	二	三	四	五	六	七	八	九
犬使	九	一	二	三	四	五	六	七	八

乙庚日癸未時乙奇得馬使如上法取

陽局一二三四五六七八九
馬使四五六七八九一二三
陰局一二三四五六七八九
馬使七八九一二三四五六

乙庚日丁亥時乙奇得馬使如上法取

陽局一二三四五六七八九
馬使四五六七八九一二三
陰局一二三四五六七八九
馬使七八九一二三四五六

丙辛日壬辰時乙奇得犬使如上法取

陽局一二三四五六七八九
犬使二三四五六七八九一
陰局一二三四五六七八九
犬使九一二三四五六七八

丙辛日丙申時乙奇得馬使如上法取

陽局一二三四五六七八九
馬使四五六七八九一二三
陰局一二三四五六七八九
馬使七八九一二三四五六

丁壬日癸卯時乙奇得犬使如上法取

陽局一二三四五六七八九
犬使二三四五六七八九一
陰局一二三四五六七八九
犬使九一二三四五六七八

丁壬日乙巳時乙奇得馬使如上法取

陽局一二三四五六七八九
馬使四五六七八九一二三
陰局一二三四五六七八九
馬使七八九一二三四五六

丁壬日丁未時乙奇得犬使如上法取

陽局一二三四五六七八九
犬使二三四五六七八九一
陰局一二三四五六七八九
大使九一二三四五六七八

戊癸日丙辰時乙奇得犬使如上法取

陽局一二三四五六七八九
犬使二三四五六七八九一
陰局一二三四五六七八九
犬使九一二三四五六七八

戊癸日戊午時乙奇得馬使如上法取

陽局	一	二	三	四	五	六	七	八	九
馬使	四	五	六	七	八	九	一	二	三
陰局	一	二	三	四	五	六	七	八	九
馬使	七	八	九	一	二	三	四	五	六

丙奇得使立成 丙奇加甲子戌謂得鼠使、加甲申庚謂得猴使

甲己日庚午時丙奇得鼠使陽局陰局排定爲式右是局左是使直取下如陽一局得鼠使同在一宮二局使亦在二宮如陰一局使同在一宮二局使亦在二宮戊符即局局在本宮餘如此推

陽局	一	二	三	四	五	六	七	八	九
鼠使	一	二	三	四	五	六	七	八	九
陰局	一	二	三	四	五	六	七	八	九
鼠使	一	二	三	四	五	六	七	八	九

甲己日壬申時丙奇得猴使如上法取

陽局	一	二	三	四	五	六	七	八	九
猴使	三	四	五	六	七	八	九	一	二
陰局	一	二	三	四	五	六	七	八	九
猴使	八	九	一	二	三	四	五	六	七

乙庚日辛巳時丙奇得鼠使如上法取

陽局	一二三四五六七八九	
鼠使	一二三四五六七八九	
陰局	一二三四五六七八九	
鼠使	一二三四五六七八九	

乙庚日癸未時丙奇得猴使如上法取

陽局	一二三四五六七八九
猴使	三四五六七八九一二
陰局	一二三四五六七八九
猴使	八九一二三四五六七

乙庚日丁亥時丙奇得猴使如上法取

陽局	一二三四五六七八九
猴使	三四五六七八九一二
陰局	一二三四五六七八九
猴使	八九一二三四五六七

丙辛日壬辰時丙奇得鼠使如上法取

陽局	一二三四五六七八九
鼠使	一二三四五六七八九
陰局	一二三四五六七八九
鼠使	一二三四五六七八九

丙辛日丙申時丙奇得猴使如上法取

陽局	一	二	三	四	五	六	七	八	九
猴使	三	四	五	六	七	八	九	一	二
陰局	一	二	三	四	五	六	七	八	九
猴使	八	九	一	二	三	四	五	六	七

丁壬日癸卯時丙奇得鼠使如上法取

陽局	一	二	三	四	五	六	七	八	九
鼠使	一	二	三	四	五	六	七	八	九
陰局	一	二	三	四	五	六	七	八	九
鼠使	一	二	三	四	五	六	七	八	九

丁壬日乙巳時丙奇得猴使如上法取

陽局	一	二	三	四	五	六	七	八	九
猴使	三	四	五	六	七	八	九	一	二
陰局	一	二	三	四	五	六	七	八	九
猴使	八	九	一	二	三	四	五	六	七

丁壬日丁未時丙奇得鼠使如上法取

陽局	一	二	三	四	五	六	七	八	九
鼠使	一	二	三	四	五	六	七	八	九
陰局	一	二	三	四	五	六	七	八	九
鼠使	一	二	三	四	五	六	七	八	九

戊癸日丙辰時丙奇得鼠使如上法取

陽局	一	二	三	四	五	六	七	八	九
鼠使	一	二	三	四	五	六	七	八	九
陰局	一	二	三	四	五	六	七	八	九
鼠使	一	二	三	四	五	六	七	八	九

戊癸日戊午時丙奇得猴使如上法取

陽局	一	二	三	四	五	六	七	八	九
猴使	三	四	五	六	七	八	九	一	二
陰局	一	二	三	四	五	六	七	八	九
猴使	八	九	一	二	三	四	五	六	七

丁奇得使立成 丁奇加甲辰壬謂得龍使 加甲寅癸謂得虎使

甲己日乙丑時丁奇得虎使陽局陰局排定爲式右是局左是使直取下如陽一局得虎使在六宮二局使在七宮如陰一局使在五宮二局使在六宮餘如此推

陽局一二三四五六七八九
虎使六七八九一二三四五
陰局一二三四五六七八九
虎使五六七八九一二三四

甲己日丙寅時丁奇得龍使如上法取

陽局一二三四五六七八九
龍使五六七八九一二三四
陰局一二三四五六七八九
龍使六七八九一二三四五

甲己日乙亥時丁奇得龍使如上法取

陽局一二三四五六七八九
龍使五六七八九一二三四
陰局一二三四五六七八九
龍使六七八九一二三四五

乙庚日戊寅時丁奇得虎使如上法取

陽局一二三四五六七八九
虎使六七八九一二三四五
陰局一二三四五六七八九
虎使五六七八九一二三四

丙辛日戊子時丁奇得龍使如上法取

陽局一二三四五六七八九　陰局一二三四五六七八九
龍使五六七八九一二三四　龍使六七八九一二三四五

丙辛日己丑時丁奇得虎使如上法取

陽局一二三四五六七八九　陰局一二三四五六七八九
虎使六七八九一二三四五　虎使五六七八九一二三四

丙辛日己亥時丁奇得龍使如上法取

陽局一二三四五六七八九　陰局一二三四五六七八九
龍使五六七八九一二三四　龍使六七八九一二三四五

丁壬日庚戌時丁奇得龍使如上法取

陽局一二三四五六七八九　陰局一二三四五六七八九
龍使五六七八九一二三四　龍使六七八九一二三四五

丁壬日辛亥時丁奇得虎使如上法取

陽局一二三四五六七八九
虎使六七八九一二三四五

陰局一二三四五六七八九
虎使五六七八九一二三四

戊癸日辛酉時丁奇得龍使如上法取

陽局一二三四五六七八九
龍使五六七八九一二三四

陰局一二三四五六七八九
龍使六七八九一二三四五

戊癸日壬戌時丁奇得虎使如上法取

陽局一二三四五六七八九
虎使六七八九一二三四五

陰局一二三四五六七八九
虎使五六七八九一二三四

十干日符加六十正時每日兩干同五鼠遁遁十二時干用六甲符頭相加成吉凶等格遇事選時一目了然至軍戎大事參看天地二盤奇儀生旺暮與門宮生尅以爲主客取用凡時干屬甲乙丙丁戊爲陽宜坐天盤奇方屬己庚辛壬癸爲陰宜坐地盤奇方

佈五符法

從本日干祿上起順行
一五符　二天曹　三地府
四風伯　五雷公　六雨師
七風靈　八唐符　九國印
十天關　十一地軸　十二天賊

甲己干日　黃道甲子時　金匱吉星　主富宜婚　地軸　防陷　宜守　地四戶　除丑　危未　定辰　開戌

青龍入地　甲子戊符加甲　甲遁戊卽甲

陽局　一二三四五六七八九
甲戊　一二三四五六七八九

陰局　一二三四五六七八九
甲戌　一二三四五六七八九

甲爲青龍利於遠行如臨生旺得令之時宜出師諸事吉天盤旺利客地旺利主如逢失令之時宜養威蓄銳百事遲疑再詳門宮生剋取用

烏兎乙丑時　朱雀凶星　人鬼爲災　地軸　固守　地四戶　除寅　定巳　危申　開亥

青龍入雲　甲加乙

陽局一二三四五六七八九
甲乙九一二三四五六七八
陰局一二三四五六七八九
甲乙二三四五六七八九一

得同人之助戰主客俱利諸事吉若門迫宮宮生門利爲客逢宮剋門門生宮又利爲主

丙寅時 天刑凶星主損骨肉 天闕破損 地四戶 除卯 定酉 危午 開子

青龍得明 甲加丙

陽局一二三四五六七八九
甲丙八九一二三四五六七
陰局一二三四五六七八九
甲丙三四五六七八九一二

戰利主客諸事吉若門剋宮利客宮剋門利主凡事雖吉必先費用人事主文明顯達修理窰灶吉又甲戊加丙逢吉門名青

龍返首主有土木動作父子榮登之象

天目丁卯時明堂吉星貴人助力天關主破地四戶除辰定未危戌開丑

青龍耀明甲加丁

陽局一二三四五六七八九
甲丁七八九一二三四五六

陰局一二三四五六七八九
甲丁四五六七八九一二三

主得暗助之力又事體迅速宮門相生作爲大吉門宮相尅諸事反覆又論察其旺相以論主客之各有盛衰也

戊辰時青龍吉星凡事亨通天賊小人耗害地四戶除巳定申危亥開寅

青龍入地甲加戊

陽局一二三四五六七八九　陰局一二三四五六七八九
甲戊一二三四五六七八九　甲戊一二三四五六七八九

主有廻環輾轉之意進退未決之情如臨生旺得令謀為大遂若逢時令休囚則偃阻不通再詳宮門生尅以分主客利鈍

己巳時勾陳凶星口舌勾連天賊火耗地四戶除午定酉危子開卯

青龍相合甲加己

陽局一二三四五六七八九　陰局一二三四五六七八九
甲己二三四五六七八九一　甲己九一二三四五六七八

門宮尅制或逢相生主客大勝若遇門生宮或比和諸事大吉百謀無阻如門尅宮諸事有始無終又主有幣帛婚媾室家敦

好之喜

甲日不遇庚午時司命吉星家宰婚吉地軸宜靜地四戶除未定戌危丑開辰

青龍持勢甲加庚

陽局	一	二	三	四	五	六	七	八	九
甲庚	三	四	五	六	七	八	九	一	二

陽局	一	二	三	四	五	六	七	八	九
甲庚	八	九	一	二	三	四	五	六	七

寶鑑日採驪龍而得珠入虎穴而得子惟宮門相生比和諸事猶吉若門宮尅制又當察其休囚旺相分主客之勝負

爲兇辛未時玄武凶星盜賊小人地軸宜守地四戶除申定亥危寅開巳

青龍相侵甲加辛

陽局一二三四五六七八九
甲辛四五六七八九一二三
陰局一二三四五六七八九
甲辛七八九一二三四五六

門宮迫制甲戊辛各有旺祿之鄉甲旺卯戊旺子辛旺申甲祿寅戊祿巳辛祿酉分利主客若門生宮比和尤吉各有得令之時再分主客損益

截空壬申時天牢凶星田蠶災耗天闕兵破馬斷地四戶除酉定子危卯開午

青龍破獄甲加壬

陽局一二三四五六七八九
甲壬五六七八九一二三四
陰局一二三四五六七八九
甲壬六七八九一二三四五

主諸事耗散其後不昌若門尅宮利於爲客凡事難圖如宮尅門而主儀又臨得令之時得祿之地壬得冬令壬祿在乾六

地耳截空

癸酉時　玉堂吉星　功名榮盛　天關　破散　地四戶　除戌定丑　危辰開未

青龍相和　甲加癸

陽局	一	二	三	四	五	六	七	八	九
甲癸	六	七	八	九	一	二	三	四	五
陰局	一	二	三	四	五	六	七	八	九
甲癸	五	六	七	八	九	一	二	三	四

主有首尾相應徵顯兩途惟宮門生合比合則諸事皆吉若尅制刑廹則成中見破美中不足又須詳其囚旺以辨主客吉凶

甲戌時　白虎凶星　是非兇惡　國印　建功立業　地四戶　除亥定寅　危巳開申

明堂從祿　甲戊己符加甲即戊

陽局	一	二	三	四	五	六	七	八	九
己戊	一	二	三	四	五	六	七	八	九
陰局	一	二	三	四	五	六	七	八	九
己戊	一	二	三	四	五	六	七	八	九

諸事皆吉喜悅重逢己戊若臨生旺之時宮門更得生旺之吉

主客皆利

己日不遇乙亥時天德吉星 天恩福慶國印權握 威武地四戶除子 定卯 危午 開酉

日入地戶 己加乙

陽局一二三四五六七八九
己乙九一二三四五六七八

陰局一二三四五六七八九
己乙二三四五六七八九一

凡事暗昧難圖主有蒙蔽侵犯須詳己乙所得生旺何如與門

宮是否迫制而分主客取用

乙庚于日庚日不遇丙子時金匱吉星 主富宜婚唐符破敵 婚娶地四戶除丑 定辰 危未 開戌

地戶埋光 己加丙 直符己加丙青龍返首吉格

陽局一二三四五六七八九
己丙八九一二三四五六七

陰局一二三四五六七八九
己丙三四五六七八九一二

寶鑑曰有火癸土燥之象或恩中成怨之情凡事阻屈難伸先暗後明利爲客再詳己丙所臨生墓與宮廹制何如分主客用

天日丁丑時 朱雀凶星火盜奸詐 唐符上官請謁 地四戶 除寅定巳 危申開亥

明堂貪生 己加丁

陽局一二三四五六七八九
己丁七八九一二三四五六

陰局一二三四五六七八九
己丁四五六七八九一二三

寶鑑曰諸事雖吉先費後益暗中生扶大利爲客宜逢午未入

廟吉格再詳丁己生旺與門宮比迫何如分主客之用

戊寅時天刑凶星骨肉參商　天關兵破人凶　地四戶除卯定午　危酉開子

明堂重祿己加戊

陽局一二三四五六七八九
己戊一二三四五六七八九

陰局一二三四五六七八九
己戊一二三四五六七八九

此格與上甲己日甲戌時己符加甲戊同斷總萬事喜悅諸重逢

惟看門生比迫以分主客之用

己卯時明堂吉星功名貴人　天關離敗傷殘　地四戶除辰定未　危戌開丑

明堂重逢己加己

陽局	一	二	三	四	五	六	七	八	九
己巳	二	三	四	五	六	七	八	九	一
陰局	一	二	三	四	五	六	七	八	九
己巳	九	一	二	三	四	五	六	七	八

主諸事自敗難圖進退不决終爲不吉戰宜固守靜中有益若八門原於本宮爲伏吟宜積糧開田添土築寨

庚辰時 青龍吉星 萬亭通利 國印 建立 揚兵 地四戶 除己 定申 危亥 開寅

明堂伏煞 己加庚

陽局	一	二	三	四	五	六	七	八	九
己庚	三	四	五	六	七	八	九	一	二
陰局	一	二	三	四	五	六	七	八	九
己庚	八	九	一	二	三	四	五	六	七

謀爲利主諸事有益再詳己庚所臨之宮生旺休廢宮門上下刑剋迫制分利爲主爲客

乙日不遇辛巳時勾陳凶局勾引不實國印立基受恩地四戶除午定酉危子開卯

天庭得勢己加辛

陽局	一	二	三	四	五	六	七	八	九
己辛	四	五	六	七	八	九	一	二	三
陰局	一	二	三	四	五	六	七	八	九
己辛	七	八	九	一	二	三	四	五	六

諸事投情合意凡為進益主兵更利亦須察己辛所臨各主生旺德祿何如宮門廹制如以主客作用

壬午時司命吉星家宰婚吉唐符戰勝事吉地四戶除未定戌危丑開辰

明堂被刑己加壬

陽局	一	二	三	四	五	六	七	八	九
己壬	五	六	七	八	九	一	二	三	四
陰局	一	二	三	四	五	六	七	八	九
己壬	六	七	八	九	一	二	三	四	五

百事無成參差各別須察己壬臨宮之生旺墓敗何如與門宮迫制何如而詳主客之所宜

地耳截空癸未時玄武凶星盜賊奸詐唐符諸事大吉地四戶除申定亥危寅開巳

明堂合華蓋己加癸

陽局一二三四五六七八九
己癸六七八九一二三四五
陰局一二三四五六七八九
己癸五六七八九一二三四

諸事反覆難成圖謀齟齬拂意亦詳己癸所臨生旺休廢與門宮迫制何如而詳主客之動靜

烏兔甲申時天牢凶星刑囚災耗風雲遇風遁同宮必有大霧宜偷營地戶除酉定子危卯開午

太白逢恩 甲申庚符加甲即加戊十日干遇庚加上占行人即至遠音必歸

陽局	一	二	三	四	五	六	七	八	九
庚戊	一	二	三	四	五	六	七	八	九

陰局	一	二	三	四	五	六	七	八	九
庚戊	一	二	三	四	五	六	七	八	九

諸事雖利但先耗費財帛而後有益戰利客兵庚戊所臨生旺休囚或門宮生迫以斷主客之利

乙酉時 玉堂吉星功名富貴 **風雲** 凡爲多晦 **地四戶** 除戌定丑 危辰開未

太白貪合 庚加乙　又名庚加奇發馬行軍人馬無存

陽局	一	二	三	四	五	六	七	八	九
庚乙	九	一	二	三	四	五	六	七	八

陰局	一	二	三	四	五	六	七	八	九
庚乙	二	三	四	五	六	七	八	九	一

諸事大吉所爲皆順再詳庚乙所臨之時生旺休廢何如門宮

生迫何如以分主客之用

庚日不遇丙戌時白虎凶星宛惡灾非雨師開井祈雨地四戶除亥定寅危巳開申

太白入熒庚加丙占賊即來忌發馬出軍大凶

陽局一二三四五六七八九、陰局一二三四五六七八九
庚丙八九一二三四五六七庚丙三四五六七八九一二

凡事不利戰鬬事多反復利主揚兵如丙臨生旺又宮迫門攻取西方破敵大勝若為客兵急避隱於正北或天地盤甲辰壬甲寅癸二儀所臨生旺之宮固守以待所謂用子孫以制煞也

天目丁亥時天德吉星天恩福慶雨師途逢暴雨地四戶除子定卯危午開酉

太白受制 庚加丁　又名庚加奇出兵凶

陽局	一二三四五六七八九	
庚丁	七八九一二三四五六	
陰局	一二三四五六七八九	
庚丁	四五六七八九一二三	

主事多不利戰主勝如庚臨生旺丁遇衰墓又門廹其宮客亦可以敵主然不無反覆爲主更防暴客

丙辛干日　戊子時金匱吉星家富婚吉　唐符出兵破敵　地四戶除丑定辰　危未開戌

太白逢恩 庚加戊

陽局	一二三四五六七八九	
庚戊	一二三四五六七八九	
陰局	一二三四五六七八九	
庚戊	一二三四五六七八九	

寶鑑曰凡事先迯後利先損後益陽時利於爲客須詳庚戊所

臨之時生旺休廢并門宮廹制而分主客

己丑時 朱雀凶星 人鬼爲灾 唐符 上官 婚嫁 地四戶 除寅 定巳 危申 開亥

太白大刑 庚加己

陽局一二三四五六七八九
庚己二三四五六七八九一

陰局一二三四五六七八九
庚己九一二三四五六七八

寶鑑曰諸事不吉惟宜守舊陽時利爲客庚己所臨之時生旺休囚與宮門廹制詳分主客勝負

庚寅時 天刑凶星 骨肉參商 風雲 雲遁 大霧 地四戶 除卯 定午 危酉 開子

太白重刑 庚加庚

陽局一二三四五六七八
庚庚三四五六七八九一

陰局一二三四五六七八九
庚庚八九一二三四五六七

寶鑑曰有英雄未遇奮激感慨之象不能傷人專而自刑須詳宮門迫制時之陰陽叅斷主客又如二庚所臨之方俱旺主客相持甚兗臨衰墓主客殘害

辛卯時明堂吉星貴人助力風雲凡事晦昧地四戶除辰定未危戌開丑

太白重鋒庚加辛

陽局一二三四五六七八九
庚辛四五六七八九一二三

陰局一二三四五六七八九
庚辛七八九一二三四五六

寶鑑曰有兩强相持以剛伏柔事必爭論陽時利客再看所臨

之時生旺墓敗門宮迫制詳分主客

丙日不遇 壬辰時 青龍吉星凡事亨通 雨師 途遇暴雨 地四戶 除巳定申 危亥開寅

太白退位 庚加壬

陽局	一	二	三	四	五	六	七	八	九
庚壬	五	六	七	八	九	一	二	三	四
陰局	一	二	三	四	五	六	七	八	九
庚壬	六	七	八	九	一	二	三	四	五

寶鑑曰凡事有益只宜斂跡利於爲主事多疑惑須詳庚壬生旺休廢與宮門迫制以分上下

地耳 癸巳時 勾陳凶星口舌灾害 雨師 積水開井 地四戶 除午定酉 危子開卯

太白冲刑 庚加癸

陽局一二三四五六七八九　陰局一二三四五六七八九
庚癸六七八九一二三四五　庚癸五六七八九一二三四

寶鑑曰人情悖逆謀爲多阻須防不測陽時利於爲客陰時主客俱爲不利亦忌庚臨衰墓再察宮門生廹則知主客勝負

甲午時 司命吉星 春宰婚慶 雷公 虛詐 驚恐 地四戶 除未 定戌 危丑 開辰

龍虎爭强 甲午辛符加甲即加戊

陽局一二三四五六七八九　陰局一二三四五六七八九
辛戊一二三四五六七八九　辛戊一二三四五六七八九

寶鑑曰諸事不和求謀不利須詳辛戊所臨之宮旺墓與宮門廹制何如以知主客之用

乙未時 玄武凶星 陰盜小人 雷公 謀為 虛驚 地四戸 除申 定亥 危寅 開己

白虎猖狂 辛加乙

陽局一二三四五六七八九 辛乙九一二三四五六七八
陰局一二三四五六七八九 辛乙二三四五六七八九一

寳鑑曰有走失破財逃亡隱匿所謀難就凡事不吉若辛乘旺而乙逢生反有得財之意如門尅宮或宮生門利於為客若宮尅門或門生宮而乙奇得生旺又為主利

丙申時 天牢凶星 田蠶灾耗 風伯 順風 助戰 地四戸 除酉 定子 危卯 開午

天庭得明 辛加丙 直符辛加丙青龍返首吉格

陽局一二三四五六七八九
辛丙八九一二三四五六七

陰局一二三四五六七八九
辛丙三四五六七八九一二

寶鑑曰主有威權作合或爐灶冶錢谷之事所謀得諸事就更詳辛丙生旺與門宮廹制何如以分主客先後

天目丁酉時王堂吉星功名遠大風伯遇逆風宜扎營地四戶除戌定丑危辰開未

白虎受傷辛日不遇辛加丁

陽局一二三四五六七八九
辛丁七八九一二三四五六

陰局一二三四五六七八九
辛丁四五六七八九一二三

寶鑑曰凡事有始無終內多耗散惟利求名涉訟若門生宮與宮尅門大利爲主如門尅宮又丁奇入衰墓只宜固守

戊戌時 白虎凶星 是非兇惡 雨師 積水 求雨 地四戶 除亥 定寅 危巳 開申

龍虎爭强 辛加戊

陽局一二三四五六七八九
辛戊一二三四五六七八九
陰局一二三四五六七八九
辛戊一二三四五六七八九

寶鑑曰諸事不和求謀不利須詳辛戊所臨之宮旺墓與宮門廹制何如以知主客之用

己亥時 天德吉星 天恩福慶 雨師 開河 穿井 地四戶 除子 定卯 危午 開酉

虎坐明堂 辛加己

陽局一二三四五六七八九
辛己二三四五六七八九一
陰局一二三四五六七八九
辛己九一二三四五六七八

寶鑑曰諸事皆吉費利而成利於爲客門宮相生更詳辛已所臨之時生旺與門宮生尅何如以斷主客之用

丁壬于日　庚子時 金匱吉星 富盈婚吉　雷公 虛詐 驚恐　地四戶 除丑 定辰　危未 開戌

虎逢太白 辛加庚

陰局 一二三四五六七八九
辛庚 三四五六七八九一二

陰局 一二三四五六七八九
辛庚 八九一二三四五六七

寶鑑曰諸事驚疑反覆羈留遲䢜若宮生門或宮尅門而庚又臨旺祿之宮利於爲主如庚臨衰而辛居旺相之鄉則利爲客

辛丑時 朱雀凶星 奸詐火盜　雷公 謀爲不遂　地四戶 除寅 定巳　危申 開亥

天庭自刑 辛加辛

陽局 一二三四五六七八九
辛辛 四五六七八九一二三

陰局 一二三四五六七八九
辛辛 七八九一二三四五六

為事自破進退不果若門生宮利為主得勝如八門臨於本宮

為伏吟主將宜教演陣式積良求賢藏威斂跡以防內變

空亡 壬寅時 天刑凶星 主損骨肉 風伯 順風 助戰 地四戶 除卯 定午 危酉 開子

天庭逢獄 辛加壬

陽局 一二三四五六七八九
辛壬 五六七八九一二三四

陰局 一二三四五六七八九
辛壬 六七八九一二三四五

凡為不利所圖不就戰宜主客詳門宮迫制或壬所臨生旺之

宮主客各宜詳用

丁口不遇

地耳空亡癸卯時明堂吉星貴人助力風伯遇逆宜藏地四戶除辰定未危戌開丑

虎投羅網辛加癸

陽局一二三四五六七八九
辛癸六七八九一二三四五
陰局一二三四五六七八九
辛癸五六七八九一二三四

諸事有助求謀成就然須遲而後通若門生宮或宮尅門主兵大勝如門尅宮或辛臨生旺之時又利於客

甲辰時青龍吉星萬事亨通地府埋守忌行地四戶除巳定申危亥開寅

青龍入獄甲辰壬符加甲甪加戊

陽局一二三四五六七八九
壬戌一二三四五六七八九
陰局一二三四五六七八九
壬戌一二三四五六七八九

諸事有始無終官訟求名得勝戰利爲主須宮尅門更甲戌臨生旺之時主兵決勝若甲戌臨衰墓又逢門迫其宮壬臨二一宮而客兵反大勝

乙巳時勾陳凶星是非口舌地府諸謀不利地四戶除午危子定酉開卯

日入九地壬加乙

陽局一二三四五六七八九
壬乙九一二三四五六七八
陰局一二三四五六七八九
壬乙二三四五六七八九一

寶鑑曰凡爲不利謀事多驚須看壬乙所臨之時生旺尅制與

宮門廹制則知主客之休咎

丙午時 司命吉星 家靖眷寧 天曹 上奏 防奸 地四戶 除未 定戌 危丑 開辰

天獄伏奇 壬加丙 直符壬加丙青龍返首吉格

陽局一二三四五六七八九
壬丙八九一二三四五六七

陰局一二三四五六七八九
壬丙三四五六七八九一二

寶鑑曰天牢伏奇格此事不利求謀多凶利於爲客更詳壬丙所臨之時旺衰何如與門宮生尅以斷主客

天目 丁未時 玄武凶星 盜害人謀 天曹 諸事 不利 地四戶 除申 定亥 危寅 開巳

太陰被獄 壬加丁

陽局	一	二	三	四	五	六	七	八	九
壬丁	七	八	九	一	二	三	四	五	六
陰局	一	二	三	四	五	六	七	八	九
壬丁	四	五	六	七	八	九	一	二	三

寶鑑曰諸事有阻謀爲暗昧再詳壬丁所臨之宮與門宮尅制生旺休囚何如以分主客作用

壬日不遇戊申時天牢凶星田蠶灾耗風伯順風助戰地四戶除酉定子危卯開午

青龍入獄 壬加戊

陽局	一	二	三	四	五	六	七	八	九
壬戊	一	二	三	四	五	六	七	八	九
陰局	一	二	三	四	五	六	七	八	九
壬戊	一	二	三	四	五	六	七	八	九

寶鑑曰凡事有始無終官訟求名吉再詳壬戊所臨之宮生旺何如與門宮尅制以分主客

己酉時 玉堂吉星 功名富貴 風伯 遇逆 宜藏 地四戶 除戌 定丑 危辰 開未

天地沖刑 壬加己

陽局 一二三四五六七八九
壬己 二三四五六七八九一

陰局 一二三四五六七八九
壬己 九一二三四五六七八

寶鑑曰諸事求吉得凶再詳壬己生旺與宮門廹制以定主客

庚戌時 白虎凶星 是非災禍 地府 埋伏 暗算 地四戶 除亥 定寅 危巳 開申

天獄倚勢 壬加庚

陽局 一二三四五六七八九
壬庚 三四五六七八九一二

陽局 一二三四五六七八九
壬庚 八九一二三四五六七

凡爲費耗成吉且遲戰利客兵壬庚若臨得令之宮門宮廹制

又分主客勝負

辛亥時天德吉星天恩福慶地府埋藏不出地四戶除子定卯　危午開酉

白虎犯於壬加辛

陽局	一	二	三	四	五	六	七	八	九
壬辛	四	五	六	七	八	九	一	二	三
陰局	一	二	三	四	五	六	七	八	九
壬辛	七	八	九	一	二	三	四	五	六

寶鑑日凡爲驚疑每多反覆再詳壬辛宮門孰旺孰衰以別主客凶利

戊癸干日　壬子時金匱吉星富貴宜婚天曹宜防奸詐地四戶除丑定辰　危未開戌

天獄自刑壬加壬

陽局一二三四五六七八九　陰局一二三四五六七八九
壬壬五六七八九一二三四　壬壬六七八九一二三四五

諸事破敗凡爲不利門宮生剋主若臨生旺之宮主客皆利若失令之時又宜固守不可舉兵如八門在本宮則爲伏吟運貯食水糧草吉利

地耳截空癸丑時朱雀凶星奸詐火盜天曹諸事不宜地四戸除寅定巳危申開亥

陰陽重地壬加癸

陽局一二三四五六七八九　陰局一二三四五六七八九
壬癸六七八九一二三四五　壬癸五六七八九一二三四

寶鑑曰凡事不宜圖謀有計窮力竭之象又主兵宜伏若宮門

廹制尤守固營寨

甲寅時 天刑凶星災禍刑傷 五符 兵勝事吉 地四戸 除卯定午 危酉開子

青龍八地 甲寅癸符加甲即加戊凡六癸值符加每日時干爲天網須看其在何宮論高低

陽局一二三四五六七八九 癸甲一二三四五六七八九 陰局一二三四五六七八九 癸甲一二三四五六七八九

寶鑑日諸事雖吉然宜陰謀私和未免恩怨交加須詳衰旺以分主客

烏兎 乙卯時 明堂吉星名成利就 五符 出戰大勝 地四戸 除辰定未 危戌開丑

日沉九地 癸加乙

陽局一二三四五六七八九　陰局一二三四五六七八九
癸乙九一二三四五六七八　癸乙二三四五六七八九一

諸事有益陽貴相扶或暗地着力但遲成如癸乙臨得令門宮迫制分利主利客之用

丙辰時青龍吉星諸事亨通　天賊官防盜賊　地四戶除巳定申危亥開寅

明堂犯孛癸加丙　直符癸加丙青龍返首吉格

陽局一二三四五六七八九　陰局一二三四五六七八九
癸丙八九一二三四五六七　癸丙三四五六七八九一二

凡爲阻滯百事憂驚若門迫宮癸臨生旺客兵勝人事有官訟之憂如丙臨旺地兼合時令又宮制其門選用戊己生命將兵

執黃旗衣甲坐三勝方擊其沖爲主兵大勝是用子孫以制煞之妙法凡奇門專論生尅制化爲樞機餘倣此論

天日 丁巳時 勾陳凶星 小人牽纏 天賊 防失 地四戶 除午 定酉 危子 開卯

螣蛇天矯 癸加丁

陽局	一	二	三	四	五	六	七	八	九
癸丁	七	八	九	一	二	三	四	五	六
陰局	一	二	三	四	五	六	七	八	九
癸丁	四	五	六	七	八	九	一	二	三

百事不宜求吉反凶戰利客兵若癸丁所臨生旺之宮或利主客詳而用之

金烏 戊午時 天刑凶星 刑傷災禍 天曹 諸事不宜 地四戶 除未 定戌 危丑 開辰

青龍入地 癸加戊

陽局 一二三四五六七八九
癸戊 一二三四五六七八九

陰局 一二三四五六七八九
癸戊 一二三四五六七八九

寶鑑曰諸事雖吉然宜陰謀私和未免恩怨交加須詳衰旺以分主客之用

己未時 玄武凶星 盜賊內亂 天曹 上奏詰諸虛僞 地四戶 除申 定亥 危寅 開巳

華蓋入明堂 癸加己

陽局 一二三四五六七八九
癸己 二三四五六七八九一

陰局 一二三四五六七八九
癸己 九一二三四五六七八

寶鑑曰凡事雖吉不能無耗費諸務勾連每費揆度又爲隱蔽

私匿惟宜求名與訟利於爲主再詳癸巳生旺門宮廹制以分主客之用

庚申時 天牢凶星 災禍耗費 五符 兵勝事吉 地四戶 除酉定子 危卯開午

天綱犯冲 癸加庚

陽局 一 二 三 四 五 六 七 八 九
癸庚 三 四 五 六 七 八 九 一 二

陰局 一 二 三 四 五 六 七 八 九
癸庚 八 九 一 二 三 四 五 六 七

寳鑑曰作事刑害求謀無益雖相生未免暌隔須詳癸庚生旺門宮廹制以分主客

辛酉時 玉堂吉星 名成利就 五符 凢爲皆吉 地四戶 除戌定丑 危辰開未

華蓋受恩 癸加辛

陽局一二三四五六七八九　陰局一二三四五六七八九
癸辛四五六七八九一二三　癸辛七八九一二三四五六

凡爲雖吉先費用而後有益若癸臨生旺宮生門門廹宮客兵得利如辛臨生旺門生宮宮尅門主兵大勝

壬戌時 白虎 酉星 小人是非 天賊 防賊 暗害 地四戶 除亥 定寅 危巳 開申

天網終獄 癸加壬

陽局一二三四五六七八九　陰局一二三四五六七八九
癸壬五六七八九一二三四　癸壬七八九一二三四五六

凡事不利而無定見亦且難圖若癸壬臨生旺門宮廹制或利

天綱重張癸加癸
凡事重重皆閉塞
主有屈抑不能伸
惟宜暗中謀伏遁
若逢伏吟還本宮
八門均是一般同
只宜積貨收粮食
掘井貯水溝開通

爲主客也

地耳癸亥時天德吉星受恩吉利天賊防賊計害地四戶除子定卯危午開酉

天綱重張癸加癸

陽局一二三四五六七八九
癸癸六七八九一二三四五
陰局一二三四五六七八九
癸癸五六七八九一二三四

寶鑑日凡事重重閉塞之象主有屈抑不伸宜於暗中圖謀隱

伏私遁若逢伏吟八門同在本宮宜收糧積貨通溝開井貯水

寶鑑三奇加十干格立成

乙加乙

奇中伏奇　乙加於乙
惟宜積粮　栽種等事
欲分主客　宮門迫制

奇中伏奇格凡屬伏吟與飛而復伏皆宜惟積糧栽種專事再詳宮門廹制以分主之用

甲己日甲子時　乙庚日己卯時　丙辛日庚寅時

丁壬日辛丑時　戊癸日壬子時　戊癸日癸亥時

陽局一二三四五六七八九
乙乙九一二三四五六七八

陰局一二三四五六七八九
乙乙二三四五六七八九一

右陽陰局圖右數是局左數是乙加乙所臨宮如陽一局乙加乙在九宮二局在一宮九局推下陰一局乙加乙在二宮二局三宮至九局同推巳下凡三奇加十干各局倣

奇儆明堂 乙加丙
後暗先明 声勢不久
宫门生旺 諸事顯揚
迫制休囚 不無阻滞

此取用

乙加丙

奇儆明堂格先明後暗聲勢不久若宮門相生再乘旺氣諸事顯揚加廹制休囚不無阻滯

甲己日乙丑時　乙庚日戊寅時　丙辛日己丑時

丁壬日庚子時　丁壬日辛亥時　戊癸日壬戌時

陽局一二三四五六七八九
乙丙八九一二三四五六七

陰局一二三四五六七八九
乙丙三四五六七八九一二

乙加丁

奇助玉女乙加丁
遲中得速陰人助
宮門剋制婦女災
若值相生大利主

青入天門乙加戊
利見大人尊貴附
可以得益查宮詳
生剋墓旺宮門佈

奇助玉女格遲中得速當有陰人扶助若宮門相生大利爲主
如宮門剋制婦女多災

甲己日丙寅時	甲己日乙亥時	丙辛日戊子時
丙辛日己亥時	丁壬日庚戌時	戊癸日辛酉時

陽局一二三四五六七八九	陰局一二三四五六七八九
乙丁七八九一二三四五六	乙丁四五六七八九一二三

乙加戊

奇入天門格有利見大人之象或依尊附貴可以得益當詳宮門生剋墓旺而分主客作用

奇入地戶乙加己
相見之情姑嫂比
農人耕耨象其形
宮門相生主客吉
若逢宮門尅制間
惟不利主君須記

甲己日己巳時　乙庚日庚辰時　丙辛日辛卯時

丁壬日壬寅時　戊癸日癸丑時　戊癸日丁巳時

陽局一二三四五六七八九
乙戊一二三四五六七八九
陰局一二三四五六七八九
乙戊一二三四五六七八九

乙加己

奇入地戶格有姑嫂相見之情農人耕耘之象如宮門相生主客皆利宮門尅制不利爲主

甲己日庚午時　乙庚日辛巳時　丙辛日壬辰時

丁壬日癸卯時　丁壬日丁未時　戊癸日丙辰時

奇合太白乙加庚
用柔制剛婚可擬
宮門相生主客利
迫制須分衰旺詳

陽局一二三四五六七八九	陰局一二三四五六七八九
乙巳二三四五六七八九一	乙巳九一二三四五六七八

乙加庚

奇合太白格有用柔制剛婚姻和合之象宮門相生主客皆利

宮門廹制須分衰旺以辨主客之用

甲己日辛未時　乙庚日壬午時　丙辛日辛卯時

丙辛日丁酉時　丁壬日丙午時　戊癸日乙卯時

陽局一二三四五六七八九	陰局一二三四五六七八九
乙庚三四五六七八九一二	乙庚八九一二三四五六七

乙加辛

青龍逃走乙加辛、
主利客衰須記真
宮門生旺吉中吉
相尅逃亡走失論

奇神入獄乙加壬
彼此俱宜固守論
欲知主客誰能勝
生旺門宮廻制分

青龍逃走格宮門生旺主有吉中之吉若相尅則有逃亡走失之事主利客衰

甲己日壬申時　乙庚日癸未時　乙庚日丁亥時

丙辛日丙申時　丁壬日乙巳時　戊癸日戊午時

陽局	一	二	三	四	五	六	七	八	九
乙辛	四	五	六	七	八	九	一	二	三
陰局	一	二	三	四	五	六	七	八	九
乙辛	七	八	九	一	二	三	四	五	六

乙加壬

奇神入獄格彼此俱宜固守再生旺門宮廻制以分主客

甲己日癸酉時　乙庚日丁丑時　乙庚日丙戌時

丙辛日乙未時　丁壬日戊申時　戊癸日己未時

陽局	一	二	三	四	五	六	七	八	九
乙壬	五	六	七	八	九	一	二	三	四
陰局	一	二	三	四	五	六	七	八	九
乙壬	六	七	八	九	一	二	三	四	五

乙加癸

奇逢羅網格主去明就暗諸事閉阻若門宮相生彼此向爲得吉門宮廹制乙奇又臨墓絶則諸事遲滯艱難主客之分當以宮門上下較之

甲己日丁卯時　乙庚日丙子時　乙庚日乙酉時

丙辛日戊戌時　丁壬日己酉時　戊癸日庚申時

陽局	一	二	三	四	五	六	七	八	九
乙癸	六	七	八	九	一	二	三	四	五
陰局	一	二	三	四	五	六	七	八	九
乙癸	五	六	七	八	九	一	二	三	四

丙加乙

月照滄浪格有龍鳳呈祥之美文明赦奕之象宮門相生彼此大利宮門尅制必有一傷須詳時日干支與上下休旺而辨主客之利鈍

甲己日己巳時　乙庚日庚辰時　丙辛日辛卯時

丁壬日壬寅時　戊癸日癸丑時　戊癸日丁巳時

陽局	一	二	三	四	五	六	七	八	九
丙乙	九	一	二	三	四	五	六	七	八
陰局	一	二	三	四	五	六	七	八	九
丙乙	二	三	四	五	六	七	八	九	一

丙加丙位位作伏吟宜造火攻器具埋地雷待敵入陷取勝最利

二鳳和鳴格有勢焰輝輝之象以文會友利於求名若宮門生旺彼此和同時日休囚有始無終丙居生旺利向西方破敵遇門尅宮客勝宮尅門利爲主

甲己日戊辰時　乙庚日己卯時　丙辛日庚寅時

丁壬日辛丑時　戊癸日壬子時　戊癸日癸亥時

陽局	一	二	三	四	五	六	七	八	九
丙丙	八	九	一	二	三	四	五	六	七
陰局	一	二	三	四	五	六	七	八	九
丙丙	三	四	五	六	七	八	九	一	二

丙加丁

星月光輝格有燈市觀妓之象無不風流跌蕩之情宮門生旺

諸事顯揚宮門廹制事防遏滅再詳臨時衰旺

甲己日乙丑時　乙庚日戊寅時　丙辛日己丑時

丁壬日庚子時　丁壬日辛亥時　戊癸日壬戌時

陽局一二三四五六七八九　陰局一二三四五六七八九
丙丁七八九一二三四五六　丙丁四五六七八九一二三

丙加戊

與生門同宮爲天遁格加直符為跌穴宜上策献書求名謁貴修身學道剪惡除奸得月精之蔽再立華盖方癸為華盖百事皆吉

甲己日庚午時　乙庚日辛巳時　丙辛日壬辰時

丁壬日癸卯時　丁壬日丁未時　戊癸日丙辰時

陽局一二三四五六七八九
丙戊一二三四五六七八九
陰局一二三四五六七八九
丙戊一二三四五六七八九

丙加己

奇入明堂格（加直符為跌穴）有出谷遷喬之象又為去明就暗之象凡事欲速不能恩中招怨作信作疑詳兩奇生旺與否再分主客

甲己日辛未時　乙庚日壬午時　丙辛日癸巳時

丙辛日丁酉時　丁壬日丙午時　戊癸日乙卯時

陽局一二三四五六七八九
丙己二三四五六七八九一
陰局一二三四五六七八九
丙己九一二三四五六七八

丙加庚古賊即滅

熒入太白格加直符為跌穴為客兵大利如門迫宮宮生門丙臨生旺得時更加勝算為主兵急宜隱避坎方坐孤位或貪狼士卒穿黑衣甲黑旗以擊虛孤之對面即為虛方方與斗指貪狼之對面即為斗指方又為破軍方則勝若宮尅門門生宮庚臨生旺合令為主更操得利大約凡事宜守舊不可妄動如占賊盜則為消滅自已作孽則為招災

甲己日壬申時　乙庚日癸未時　乙庚日丁亥時

丙辛日丙申時　丁壬日乙巳時　戊癸日戊午時

陽局	一	二	三	四	五	六	七	八	九
丙庚	三	四	五	六	七	八	九	一	二

陰局	一	二	三	四	五	六	七	八	九
丙庚	八	九	一	二	三	四	五	六	七

丙加辛

奇神生合格（加直符為跌穴）有恩威并濟之象宮門相生凡事有就宮門迫制不得調和須詳時令以分主客

陽局	一	二	三	四	五	六	七	八	九
丙辛	四	五	六	七	八	九	一	二	三

陰局	一	二	三	四	五	六	七	八	九
丙辛	八	九	一	二	三	四	五	六	七

丙加壬

奇神遊海格諸事雖吉但恐不實惟求名官訟則吉利為主再查丙壬生旺以分勝負

甲己日丁卯時　乙庚日丙子時　乙庚日乙酉時

丙辛日戊戌時　丁壬日己酉時　戊癸日庚申時

陽局一二三四五六七八九
丙壬五六七八九一二三四

陰局一二三四五六七八九
丙壬七八九一二三四五六

丙加癸

奇逢華蓋格諸事得吉名利有成再詳丙癸所臨之宮生旺迫制何如以分主客之用作如丙奇所領之星能制癸宮則利爲客如癸儀所居之宮尅丙奇之星則利爲主凡言主客皆以此斷

丁加乙

玉女奇生格諸事吉慶丁乙各有生旺之時再辨宮門以詳主客之用

甲己日庚午時　乙庚日辛巳時　丙辛日壬辰時

丁壬日癸卯時　丁壬日丁未時　戊癸日丙辰時

陽局一二三四五六七八九　陰局一二三四五六七八九

下乙九一二三四五六七八　丁乙三四五六七八九一二

丁加丙

奇神合明格百事皆吉大有施為詳主客法同上

甲己日己巳時　乙庚日庚辰時　丙辛日辛卯時

丁壬日壬寅時　戊癸日癸丑時　戊癸日丁巳時

陽局一二三四五六七八九　陰局一二三四五六七八九
丁丙八九一二三四五六七　丁丙四五六七八九一二三

丁加丁

奇神相敵格諸事雖吉恐有相爭知機者利在先舉可以得意
若逢伏吟八門同在本宮宜收貨積糧置爐作灶等事

甲己日戊辰時　乙庚日己卯時　丙辛日庚寅時
丁壬日辛丑時　戊癸日壬子時　戊癸日癸亥時

陽局一二三四五六七八九　陰局一二三四五六七八九
丁丁七八九一二三四五六　丁丁四五六七八九一二三

丁加戊

玉女乘龍格凡謀皆利亦須辨主客

甲己日辛未時　乙庚日壬午時　丙辛日癸巳時

丙辛日丁酉時　丁壬日丙午時　戊癸日乙卯時

陽局一二三四五六七八九
丁戊一二三四五六七八九

陰局一二三四五六七八九
丁戊一二三四五六七八九

丁加己

玉女施恩格凡事如意情投意合私心眷戀亦須查明主客

甲己日壬申時　乙庚日癸未時　乙庚日丁亥時

丙辛日丙申時　丁壬日乙巳時　戊癸日戊午時

陽局	一	二	三	四	五	六	七	八	九
丁巳	二	三	四	五	六	七	八	九	一
陰局	一	二	三	四	五	六	七	八	九
丁己	九	一	二	三	四	五	六	七	八

丁加庚

玉女刑殺格凡事難以強圖於中必有反覆辨主客如前法

甲己日癸酉時　乙庚日丁丑時　乙庚日丙戌時

丙辛日乙未時　丁壬日戊申時　戊癸日己未時

陽局	一	二	三	四	五	六	七	八	九
丁庚	三	四	五	六	七	八	九	一	二
陰局	一	二	三	四	五	六	七	八	九
丁庚	八	九	一	二	三	四	五	六	七

丁加辛

玉女伏虎格求謀不利諸事艱難不就分主客之用亦如前

甲己日丁卯時　乙庚日丙子時　乙庚日乙酉時

丙辛日戊戌時　丁壬日己酉時　戊癸日庚申時

陽局一二三四五六七八九
丁辛四五六七八九一二三

陰局一二三四五六七八九
丁辛七八九一二三四五六

丁加壬

玉女乘龍遊海格諸事皆吉百福來臨貴人和合滛泆私情主客俱利營謀可成須辨丁壬與門宮之生尅以分主客

甲己日丙寅時　甲己日乙亥時　丙辛日戊子時

丙辛日己亥時　丁壬日庚戌時　戊癸日辛酉時

陽局一二三四五六七八九
丁壬五六七八九一二三四

陰局一二三四五六七八九
丁壬六七八九一二三四五

丁加癸

朱雀投江格（加直符為得使）諸事不利文信遺失彼此猜疑凡丁主動而癸主靜未免動靜激搏生死關頭更詳丁癸宮門之生尅廹制則主客判然矣

甲己日乙丑時　乙庚日戊寅時　丙辛日己丑時

丁壬日庚子時　丁壬日辛亥時　戊癸日壬戌時

旺相休囚定例歌

生我同行即為相
我生之月誠為旺
廢於父母休於財
囚於鬼兮真不妄
假如水宿乃天蓬
相在初冬與仲冬
廢於正二休四五
其餘仿此自研窮

陽局一二三四五六七八九
丁癸六七八九一二三四五

陰局一二三四五六七八九
丁癸五六七八九一二三四

星門五行旺相廢休囚立成

第一卷第廿第宮鑑旺相休囚錯旺相二位顛倒

木	天冲輔 傷杜	旺寅卯	相巳午	廢亥子	休辰戌丑未	囚申酉
火	天英景	旺巳午	相辰戌丑未	廢寅卯	休申酉	囚亥子
土	天禽任 死生	旺辰戌丑未	相申酉	廢巳午	休亥子	囚寅卯
金	天心柱 開驚	旺申酉	相亥子	廢辰戌丑未	休寅卯	囚巳午
水	天蓬休	旺亥子	相寅卯	廢申酉	休巳午	囚辰戌丑未

長生起例

附墓宮 丑八宮 未二宮 戌六宮 辰四宮

甲木生亥未墓　乙生午宮戌墓（又墓未）　丙（戊）生寅戌墓　丁（巳）生酉丑墓

庚金生巳丑墓　辛生在子辰墓　壬生申辰墓　癸生卯未墓

奇門行軍要畧卷四目錄

凶格

勃格 丙加庚符　　格勃 庚直符加丙

六儀擊刑 六甲值符加所刑之地　　伏吟 蓬加蓬

返吟 蓬加英英加蓬　　伏干 庚加日干

歲月勃 丙加當年當月之干　　日勃 丙加本日之干

闗格時 十二月定例　　五不遇時 時干正剋日干

附

占欵取用　　占法二十一欵目錄 末錄捷要占法三欵

占法二十一欵斷用　　總法天機

奇門行軍要畧卷四

高明劉文瀾墨池纂

行軍諸凶格摘要立成

嘗聞避凶乃是趨吉之道右立成諸格軍營中謹宜細察以避之也

白入熒 庚加丙

本格主出門不歸没舟折輪遺亡有吉門亦忌宜坐營固守防賊來急伏兵從直符太陰六合方截之必勝以所臨宫分里數人馬多寡數

乙庚日丙戌時 加正時

乙庚日丁丑時

甲己日癸酉時　丙辛日乙未時

丁壬日戊申時　戊癸日己未時

已上格陽一局　本局本格臨八宮　三局臨一宮　二局臨九宮　四局臨二宮

五局臨三宮　八局臨六宮　六局臨四宮　九局臨七宮　七局臨五宮

已上格陰一局　本局本格臨三宮　三局臨五宮　二局臨四宮　四局臨六宮

五局臨七宮　八局臨一宮　六局臨八宮　九局臨二宮　七局臨九宮

熒入白　丙加庚本局不加正時

此時聞賊當退避陽遁賊往陽位去陰遁賊往陰位行伏兵於

太陰九地華盖方賊過對斗揹處擊之自勝以所臨宮分里數

人馬多寡數

甲己日壬申時　乙庚日癸未時

乙庚日丁亥時　丙辛日丙申時

丁壬日乙巳時　戊癸日戊午時

已上格陽一局　本局本格臨三宮　二局臨四宮

三局臨五宮　四局臨六宮

五局臨七宮　六局臨八宮　七局臨九宮

八局臨一宮　九局臨二宮

如陰一局　本局本格臨八宮　二局臨九宮

三局臨一宮　四局臨二宮

五局臨三宮　六局臨四宮　七局臨五宮
八局臨六宮　九局臨七宮

雀投江丁加癸本局不加正時

主有驚恐用兵防有奸人爲灾禍應十日

甲己日乙丑時　乙庚日戊寅時

丙辛日己丑時　丁壬日庚子時

丁壬日辛亥時　戊癸日壬戌時

已上格陽一局本局本格臨六宮　二局臨七宮
三局臨八宮　四局臨九宮

五局臨一宮　六局臨二宮　七局臨三宮
八局臨四宮　九局臨五宮

如陰一局　本局　本格臨五宮　三局臨七宮　二局臨六宮　四局臨八宮

五局臨九宮　八局臨三宮　六局臨九宮　九局臨四宮　七局臨二宮

蛇夭矯　癸加丁

百事俱凶即得吉門免災而已犯此者宜向直符上專候換局即吉也

戊癸日丁巳時　加正時　戊癸日癸丑時

甲己日己巳時　乙庚日庚辰時

丙辛日辛卯時　丁壬日壬寅時

巳上格陽一局 本局本格臨七宮 三局臨九宮 二局臨八宮 四局臨一宮

五局臨二宮 八局臨五宮 六局臨三宮 九局臨六宮 七局臨四宮

如陰一局 本局本格臨四宮 三局臨六宮 二局臨五宮 四局臨七宮

五局臨八宮 八局臨二宮 六局臨九宮 九局臨三宮 七局臨一宮

虎猖狂 辛加乙

主有走失隱匿謀而不就若辛乘旺而乙逢生反有得意如門剋宮或宮生門利於爲客若宮剋門或門生宮而乙奇得生旺又爲主利

丙辛日乙未時加正時　甲己日癸酉時
乙庚日丁丑時　乙庚日丙戌時
丁壬日戊申時　戊癸日己未時
已上格陽一局　本局本格臨九宮辛受刑乙逢旺主利客衰
二局臨一宮辛逢生　三局臨二宮
四局臨三宮乙登駁　五局臨四宮辛墓辰　六局臨五宮
七局臨六宮乙墓戌　八局臨七宮　九局臨八宮
如陰遁一局　本局本格臨二宮　二局臨三宮
三局臨四宮　四局臨五宮
五局臨六宮　六局臨七宮　七局臨八宮
八局臨九宮　九局臨一宮
大格庚加癸

凡謀不亨通遠行車破馬死用兵靜守還營加正時更凶是所用之

時如丙辛日癸巳時是庚加時干

丙辛日癸巳時加正時　丙辛日丁酉時

甲己日辛未時　乙庚日壬午時

丁壬日丙午時　戊癸日乙卯時

已上格陽一局　本局本格臨六宮　三局臨八宮　二局臨七宮　四局臨九宮

五局臨一宮　八局臨四宮　六局臨二宮　九局臨五宮　七局臨三宮

如陰遁一局　本局本格臨五宮　三局臨七宮　二局臨六宮　四局臨八宮

五局臨九宮　六局臨一宮　七局臨二宮　八局臨三宮　九局臨四宮

小格　癸加庚

亦如大格凡謀不亨通遠行車破馬死用兵宜靜守還營加正時更凶

戊癸日庚申時加正時　甲己日丁卯時

乙庚日丙子時　乙庚日乙酉時

丙辛日戊戌時　丁壬日己酉時

已上格陽一局本局本格臨三宮　二局臨四宮　三局臨五宮　四局臨六宮

五局臨七宮　六局臨八宮　七局臨九宮
八局臨一宮　九局臨二宮

如陰遁一局　本局本格臨八宮　二局臨九宮
三局臨一宮　四局臨二宮

五局臨三宮　六局臨四宮　七局臨五宮
八局臨六宮　九局臨七宮

太白欄門　庚加丁

舉動不吉出兵遭攔截殺害之慘宜靜守老營

乙庚日丁亥時加正時　乙庚日癸未時

甲己日壬申時　丙辛日丙申時

丁壬日乙巳時　戊癸日戊午時

已上格陽一局　本局本格臨七宮　三局臨九宮　二局臨八宮　四局臨一宮　丁入墓宮

五局臨二宮　八局臨五宮　六局臨三宮　九局臨六宮　七局臨四宮　丁逢生宮

如陰遁一局　本局本格臨四宮　三局臨六宮　二局臨五宮　四局臨七宮

五局臨八宮　八局臨二宮　六局臨九宮　九局臨三宮　七局臨一宮

伏宮　天上庚加地下值符

主客不利凡事不適即得吉門亦凶若帶丙丁二奇入局其害

猶淺

甲己日甲子戊符丙寅時戊符加丙得庚加戊符　乙庚日甲戌己符戊寅時己符加戊得庚加己符

丙辛日甲申庚符庚寅時庚符加庚得庚加庚符　丁壬日甲午辛符壬寅時辛符加壬得庚加辛符

丁壬日丁未時壬符加丁得庚加壬符　戊癸日乙卯時癸符加乙得庚加癸符

已上格陽一局　戊符一宮辛符四宮　己符二宮壬符五宮　庚符三宮癸符六宮

二局　戊符二宮辛符五宮　己符三宮壬符六宮　庚符四宮癸符七宮

三局　戊符三宮辛符六宮　己符四宮壬符七宮　庚符五宮癸符八宮

四局　戊符四宮辛符七宮　己符五宮壬符八宮　庚符六宮癸符九宮

五局　戊符五宮辛符八宮　己符六宮壬符九宮　庚符七宮癸符一宮

六局　戊符六宮辛符九宮　己符七宮壬符一宮　庚符八宮癸符二宮

七局　戊符七宮　辛符一宮　己符八宮　壬符二宮　庚符九宮　癸符三宮

八局　戊符八宮　辛符二宮　己符九宮　壬符三宮　庚符一宮　癸符四宮

九局　戊符九宮　辛符三宮　己符一宮　壬符四宮　庚符二宮　癸符五宮

已上格陰一局　戊符一宮　辛符七宮　己符九宮　壬符六宮　庚符八宮　癸符五宮

二局　戊符二宮　辛符八宮　己符一宮　壬符七宮　庚符九宮　癸符六宮

三局　戊符三宮　辛符九宮　己符二宮　壬符八宮　庚符一宮　癸符七宮

四局　戊符四宮　辛符一宮　己符三宮　壬符九宮　庚符二宮　癸符八宮

五局　戊符五宮　辛符二宮　己符四宮　壬符一宮　庚符三宮　癸符九宮

六局 戊符六宮 辛符三宮　己符五宮 壬符二宮　庚符四宮 癸符一宮

七局 戊符七宮 辛符四宮　己符六宮 壬符三宮　庚符五宮 癸符二宮

八局 戊符八宮 辛符五宮　己符七宮 壬符四宮　庚符六宮 癸符三宮

九局 戊符九宮 辛符六宮　己符八宮 壬符五宮　庚符七宮 癸符四宮

飛宮 天上局符加地下庚

止宜固守出則大將遭擒占人不在凡事不利

甲己日庚午時 戊符加庚　乙庚日庚辰時 己符加庚

丙辛日庚寅時 庚符加庚　丁壬日庚子時 辛符加庚

丁壬日庚戌時壬符加庚　戊癸日庚申時癸符加庚

已上格陽一局本局本格臨三宮　三局臨五宮　二局臨四宮　四局臨六宮
五局臨七宮　八局臨一宮　六局臨八宮　九局臨二宮　七局臨九宮
九局臨四宮

如陰遁一局木局本格臨八宮　三局臨一宮　二局臨九宮　四局臨二宮
五局臨三宮　八局臨六宮　六局臨四宮　九局臨七宮　七局臨五宮

刑格庚加已

出兵者半路迯亡追逐反受其殃

丙辛日己丑時加正時　甲己日乙丑時

乙庚日戊寅時　丁壬日庚子時

丁壬日辛亥時　戊癸日壬戌時

已上格陽一局本局本格臨二宮　二局臨三宮　三局臨四宮　四局臨五宮

五局臨六宮　六局臨七宮　七局臨八宮　八局臨九宮　九局臨一宮

如陰遁一局本局本格臨九宮　二局臨一宮　三局臨二宮　四局臨三宮

五局臨四宮　六局臨五宮　七局臨六宮　八局臨七宮　九局臨八宮

格刑已加庚

諸事凶出兵不利遇敵不宜追捕路中反受其殃

甲己日己巳時　乙庚日庚辰時

丙辛日辛卯時　丁壬日壬寅時

戊癸日癸丑時　戊癸日丁巳時

已上格陽一局 本局本格臨三宮 三局臨五宮 三局臨四宮 四局臨六宮

五局臨七宮 八局臨一宮 六局臨八宮 九局臨二宮 七局臨九宮

如陰遁一局 本局本格臨八宮 三局臨一宮 二局臨九宮 四局臨二宮

五局臨三宮 八局臨六宮 六局臨四宮 九局臨七宮 七局臨五宮

勃格丙奇加甲申庚符

本格獨乙庚日丁亥時係庚加丁而得丙加庚符矣此時凶應

在內不作鳥跌穴論

乙庚日丁亥時不加正時成格

已上格陽一局本局本格臨三宮 三局臨五宮 二局臨四宮 四局臨六宮

五局臨七宮 八局臨一宮 六局臨八宮 九局臨二宮 七局臨九宮

如陰遁一局本局本格臨八宮 三局臨一宮 二局臨九宮 四局臨二宮

五局臨三宮 八局臨六宮 六局臨四宮 九局臨七宮 七局臨五宮

格勃甲申庚符加丙奇　以庚爲甲之格丙又爲庚之勃故名也

本格獨乙庚日丙戌時係庚符加丙奇耳此時凶應在外諸事不利不作返首論

乙庚日丙戌時加正時成格

已上格陽一局本局

本格臨八宮　三局臨一宮
二局臨九宮　四局臨二宮
五局臨三宮　八局臨六宮
六局臨四宮　九局臨七宮
七局臨五宮

如陰遁一局本局

本格臨三宮　三局臨五宮
二局臨四宮　四局臨六宮
五局臨七宮　八局臨一宮
六局臨八宮　九局臨二宮
七局臨九宮

六儀擊刑（六甲直符加所刑之地）

登臺命將上官赴任應選皆有災厄凡事有爭角是非惟滅賊行刑出獵有意外之遇若主將命與直符同者勿往此方犯之刑獄敗亡（如甲子符忌臨三宮子命將亦忌之類）

如陽遁三局（甲己）日甲子時天地盤甲子戊臨三宮（子刑在卯）受刑（主客均爲不利）一局庚午時天盤甲子戊符臨三宮受刑（爲客不利）子命將官並凶二局己巳時　三局戊辰時　四局乙丑時　五局丙寅時　六局丁卯時　七局癸酉時　八局壬申時　九局（辛未）時

已上俱甲己日甲子戊直符加三宫皆爲所刑之地爲客

兵者盡不利卽得生旺奇門亦凶

如陰遁三局甲己日甲子時天地盤甲子戊符臨三宫受刑爲主客不利

一局丙寅時　二局乙丑時　三局戊辰時　四局己巳時

五局庚午時　六局辛未時　七局壬申時　八局癸酉時

九局丁卯時

已上俱甲己日甲子戊符頭加三宫爲所刑之地爲客兵

者盡不利卽得生旺奇門亦凶

如陽遁一局乙庚日己卯時天地盤甲戊己臨二宮戊刑在未受刑主客
均爲不利二局戊寅時天盤甲戊己符臨二宮受刑爲客不利戊命將官
並凶　三局甲己日乙亥時　四局丙子時　五局丁丑時　六
局癸未時　七局壬午時　八局辛巳時　九局庚辰時
己上惟三局甲己日乙亥時合天盤本格其餘俱乙庚日
甲戊己符頭加二宮爲所刑之地爲客兵者盡不利
如陰遁三局乙庚日己卯時天地盤甲戊己臨二宮受刑主客均爲
不利一局甲己日乙亥時　二局戊寅時　四局庚辰時　五局辛

巳時　六局壬午時　七局癸未時　八局丁丑時　九局丙

子時

已上惟一局甲己日乙亥時合天盤本格其餘俱係乙庚

日甲戊己符頭加二宮爲所刑之地爲客兵盡不利

如陽遁六局丙辛日庚寅時天地盤甲申庚臨八宮（申刑在寅）受刑

（主客均爲不利）申命將官並凶　一局乙庚日丙戌時　二局乙庚日

丁亥時　三局（丙辛）日癸巳時　四局（丙辛）日壬辰時　五局（丙辛）日

辛卯時　六局（丙辛）日庚寅時　七局（丙辛）日己丑時　八局（丙辛）日

戊子時　九局乙庚日乙酉時

已上惟六局丙辛日庚寅時天地盤甲申庚符臨八宮主客俱刑其餘各局天盤臨所刑之宮獨不利爲客也

如陰遁一局丙辛日庚寅時天地盤甲申庚符同臨八宮申刑在寅受刑主客均爲不利　二局丙辛日辛卯時　三局丙辛日壬辰時　四局丙辛日癸巳時　五局乙庚日丁亥時　六局乙庚日丙戌時　七局乙庚日乙酉時　八局丙辛日戊子時　九局丙辛日己丑時

如陽遁六局丁壬日辛丑時天地盤甲午辛符同臨九宮午刑在午受刑爲主客均不利午命將官並凶　一局丙辛日乙未時　二局丙辛日丙申時　三局丙辛日丁酉時　四局丁壬日癸卯時　五局丁壬日壬寅時　六局丁壬日辛丑時　七局丁壬日庚子時　八局丙辛日己亥時　九局丙辛日戊子時

已上六局天地盤受刑主客不利其餘惟爲客不利

如陰遁三局丁壬日辛丑時天地盤甲午辛符同臨九宮受刑爲主客均不利　一局丙辛日己亥時　二局丁壬日庚子時　四局丁壬日壬寅

時　五局丁壬日癸卯時　六局丙辛日丁酉時　七局丙辛日丙申
時　八局丙辛日乙未時　九局丙辛日戊戌時
已上惟三局天地盤受刑主客不利其餘天盤受刑爲客
不利
如陽遁九局戊癸日壬子時天地盤甲辰壬符同臨四宮辰逢辰自相刑
受刑主客均爲不利辰命將官並凶　一局丁壬日辛亥時　二局丁壬日
庚戌時　三局丁壬日己酉時　四局丁壬日戊申時　五局丁壬日
乙巳時　六局丁壬日丙午時　七局丁壬日丁未時　八局戊癸日

癸丑時

已上九局天地盤受刑主客均不利其餘天盤受刑獨爲

客不利

如陰遁八局戊癸日壬子時天地盤甲辰壬符同臨四宮受刑爲主客均不利

一局丁壬日丁未時　二局丁壬日丙午時　三局丁壬日乙巳時

四局丁壬日戊申時　五局丁壬日己酉時　六局丁壬日庚戌時

七局丁壬日辛亥時　九局戊癸日癸丑時

已上八局戊癸日壬子時天地盤甲辰壬同四宮主客均

受刑俱不利其餘天盤臨刑地惟客不利

如陽遁八局戊癸日癸亥時天地盤甲寅癸符同臨四宮寅刑在巳受刑爲主客均不利寅命將官並凶

一局戊癸日辛酉時　二局戊癸日庚申時　三局戊癸日己未時　四局戊癸日戊午時　五局戊癸日乙卯時　六局戊癸日丙辰時　七局戊癸日丁巳時　九局戊癸日壬戌時

已上惟戊癸日八局癸亥時天地盤受刑主客兩傷其餘天盤臨刑地獨不利客耳

如陰遁九局戊癸日癸亥時天地盤甲寅癸符同臨四宮受刑為主客均不利 一局戊癸日丁巳時 二局戊癸日丙辰時 三局戊癸日乙卯時 四局戊癸日戊午時 五局戊癸日己未時 六局戊癸日庚申時 七局戊癸日辛酉時 八局戊癸日壬戌時

已上惟九局戊癸日癸亥時天地盤甲寅癸均臨所刑宮主客同為不利其餘天盤受刑獨客不利凡將官本命同加所刑之地切宜避之否必遭刑傷

伏吟

凡陰陽一十八局逢伏吟格諸宜藏兵伏將於本伏格方以待敵人入我伏中又六甲旬各有所主並條列於左

甲己日甲子時又戊辰時甲子戊旬加甲戊時青龍入池格六甲旬惟本旬有兩時餘得一時壬有迴環輾轉之意進未決之情看臨宮生旺則吉如到局休囚冲刑爲凶甲生六宮三宮爲旺爲刑墓絕二宮加震三子受刑戊生八宮墓絕乾六遇吉則可以向此方伏兵遇凶則宜固守若伏兵必爲敵人所知傷我也

本格陽遁一局在一宮二局在二宮三局三宮受刑順輪九宮取用如陰遁亦隨局取凡甲子符頭即是格也

乙庚日己卯時（甲戌己加己時）明堂逢祿格（六己生兌七旺巽四墓艮八絕坎一如加坤二戌受刑）

凡事勾曲難明行兵進退不決止宜固守靜以待動

本格陽遁一局在二宮（受刑）二局三宮三局四宮四局五宮六局七宮七局八宮八局九宮九局一宮

如陰遁一局在九宮九局八宮八局七宮七局六宮六局五宮五局四宮四局三宮三局二宮（受刑）二局一宮

丙辛日庚寅時（甲申庚加庚時）太白重刑格（庚生巽四旺兌七墓絕艮八加八宮申受刑）有英雄未遇奮激感慨之象不能傷人重而自刑不宜行軍也如敵

來此方我當引兵出丙丁方以擊之必勝

本格陽遁一局在三宮二局四宮三局五宮四局六宮五局七宮六局

八宮受七刑局九宮八局一宮九局二宮

如陰遁一局在八宮受九刑局七宮八局六宮七局五宮六局四宮五局

三宮四局二局三局一宮二局九宮

丁壬日辛丑時甲午辛加辛時天庭自刑格辛生坎一旺坤二墓絶巽四加離九午受刑出兵

自敗有勢難行進退狐疑為將者宜較演士卒藏威歛跡以防

丙變

本格陽遁二局在四宮二局五宮三局六宮四局七宮五局八宮六局九宮七局一宮八局二宮九局三宮
如陰遁一局在七宮二局八宮三局九宮四局一宮五局二宮六局三宮七局四宮八局五宮九局六宮
戊癸日壬子時甲辰壬加壬于天牢自刑格壬生坤二旺坎一墓絕巽四加巽四辰受刑主行軍破敗凡謀不利捴宜安靜
本格陽遁一局在五宮二局六宮三局七宮四局八宮五局九宮六局一宮七局二宮八局三宮九局四宮

如陰遁一局在六宮二局七宮三局八宮四局九宮五局一宮六局二宮七局三宮八局四宮九局五宮

戊癸日癸亥時甲寅癸加癸時天網重張四張格癸生震三旺乾六墓絕坤二加巽四寅受刑凡事重重閉塞之象主屈抑不伸軍中宜暗中圖謀隱伏私遁若揚兵而出立見被獲敗亡

本格陽遁一局在六宮二局七宮三局八宮四局九宮五局一宮六局二宮七局三宮八局四宮受九刑局五宮

如陰遁一局在五宮二局六宮三局七宮四局八宮五局九宮六局一

宮七局二宮八局三宮九局四宮受刑

返吟

甲己日己巳時　乙庚日庚辰時　丙辛日辛卯時　丁壬日壬寅時

戊癸日癸丑時　戊癸日丁巳時　均係九宮天英星加在一宮爲返吟宮

甲己日庚午時　乙庚日辛巳時　丙辛日壬辰時　丁壬日癸卯時

丁壬日丁未時　戊癸日丙辰時　均係四宮天輔星加在六宮爲返吟宮

甲己日辛未時　乙庚日壬午時　丙辛日癸巳時　丙辛日丁酉時

丁壬日丙午時　戊癸日乙卯時　均係八宮天任星加在二宮爲返吟

甲己日壬申時　乙庚日癸未時　乙庚日丁亥時　丙辛日丙申時

丁壬日乙巳時　戊癸日戊午時　均係三宮天冲星加在七宮爲返吟

甲己日癸酉時　乙庚日丁丑時　乙庚日丙戌時　丙辛日乙未時

丁壬日戊申時　戊癸日己未時　均係七宮天柱星加在三宮爲返吟

甲己日丁卯時　乙庚日丙子時　乙庚日乙酉時　丙辛日戊戌時

丁壬日己酉時　戊癸日庚申時　均係二宮天芮星加在八宮爲返吟

甲己日丙寅時　甲己日乙亥時　丙辛日戊子時　丙辛日己亥時

丁壬日庚戌時　戊癸日辛酉時　均係六宮天心星加在四宮爲返吟

甲己日乙丑時　乙庚日戊寅時　丙辛日己丑時　丁壬日庚子時

丁壬日辛亥時　戊癸日壬戌時　均係一宮天蓬星加在九宮爲返吟

已上俱係陽遁九局一體本宮諸事返覆出軍不利

甲己日己巳時　乙庚日庚辰時　丙辛日辛卯時　丁壬日壬寅時

戊癸日癸丑時　戊癸日丁巳時　均係一宮天蓬星加在九宮爲返吟

甲己日庚午時　乙庚日辛巳時　丙辛日壬辰時　丁壬日癸卯時

丁壬日丁未時　戊癸日丙辰時　均係六宮天心星加在四宮爲返吟

甲己日辛未時　乙庚日壬午時　丙辛日癸巳時　丙辛日丁酉時

丁壬日丙午時　戊癸日乙卯時　均係二宮天芮星加在八宮爲返吟

甲己日壬申時　乙庚日癸未時　乙庚日丁亥時　丙辛日丙申時

丁壬日乙巳時　戊癸日戊午時　均係七宮天柱星加在三宮爲返吟

甲己日癸酉時　乙庚日丙戌時　乙庚日丁丑時　丙辛日乙未時

丁壬日戊申時　戊癸日己未時　均係三宮天衝星加在七宮爲返吟

甲己日丁卯時　乙庚日丙子時　乙庚日乙酉時　丙辛日戊戌時

丁壬日己酉時　戊癸日庚申時　均係八宮天任星加在二宮爲返吟

甲己日丙寅時　甲己日乙亥時　丙辛日戊子時　丙辛日己亥時

伏干主客兩相傷
主必遭擒客莫擒
凡百謀爲宜靜說
兵須伏守不遭殃

丁壬日庚戌時　戊癸日辛酉時　均係四宮天輔星加在六宮爲返吟

甲己日乙丑時　乙庚日戊寅時　丙辛日己丑時　丁壬日庚子時

丁壬日辛亥時　戊癸日壬戌時　均係九宮天英星加在一宮爲返吟

已上俱係陰遁九局一體凡星在返吟之宮宜靜守動主

車馬返覆

伏干　庚加本日干

主客兩傷主必遭擒百事宜靜隱兵宜伏守不可聲揚

時干格　庚加本時干

遇丙丁時干主勝客敗遇甲乙客勝主敗遇庚辛爭强主客均傷遇戊己助庚爲暴爲主宜避

已上二格統係天盤庚加下地盤之干遇係本日之干爲伏干格遇係本時之干爲時干格

乙庚日甲申時（庚日庚時干同） 乙酉時（乙日干同） 丙戌時（丙日干同）

丁亥時（丁日干同）

丙辛日丙子時（丙日干同） 丁丑時（丁日干同） 戊寅時（戊日干同）

己卯時（己日干同） 庚辰時（庚日干同） 辛巳時（辛日干同）

壬午時（壬日干同）　癸未時（癸日干同）

歲月勃（丙加當年當月之干）

主士卒逆亂將帥紀綱紊亂內多乖舛

日勃（丙加本日之干）

主盜賊竊發變生倉卒

已上二格統係天盤丙加下地盤之干遇係本年之干或係本月之干爲歲月勃遇係本日之干爲日勃

甲己日戊辰時　乙庚日己卯時　丙辛日庚寅時　丁壬日辛丑時

戊癸日壬子時　戊癸日癸亥時

已上俱係丙加丙歲月日干

甲己日己巳時　乙庚日庚辰時　丙辛日辛卯時　丁壬日壬寅時

戊癸日癸丑時　戊癸日丁巳時

已上俱係丙加乙歲月日干

甲己日庚午時　乙庚日辛巳時　丙辛日壬辰時　丁壬日癸卯時

丁壬日丁未時　戊癸日丙辰時

已上俱係丙加甲戊二干歲月日干

甲己日辛未時　乙庚日壬午時　丙辛日癸巳時　丙辛日丁酉時

丁壬日丙午時　戊癸日乙卯時

已上俱係丙加己歲月日干

甲己日壬申時　乙庚日癸未時　乙庚日丁亥時　丙辛日丙申時

丁壬日乙巳時　戊癸日戊午時

已上俱係丙加庚歲月日干

甲己日癸酉時　乙庚日丁丑時　乙庚日丙戌時　丙辛日乙未時

丁壬日戊申時　戊癸日己未時

已上俱係丙加壬歲月日干

甲己日丙寅時　甲己日乙亥時　丙辛日戊子時　丙辛日己亥時

丁壬日庚戌時　戊癸日辛酉時

已上俱係丙加癸歲月日干

甲己日乙丑時　乙庚日戊寅時　丙辛日己丑時　丁壬日庚子時

丁壬日辛亥時　戊癸日壬戌時

已上俱係丙加丁歲月日干

闗格時

閉格時歌
巳丑酉辰
亥戌午未
按支逆行
三月一退

每月遇此時兵宜固守不可亂動另擇吉行師

正月丑時　二月子時　三月亥時　四月辰時

五月卯時　六月寅時　七月戌時　八月酉時

九月申時　十月未時　十一月午時　十二月巳時

五不遇時 乃時干尅日干也又爲七煞時
按天干逢七即陽尅陽陰尅陰

陽尅陽陰尅陰爲七煞時行軍有損凡事主將忌多昏昧乖戾勃意若納營寨主損目殘疾

甲日庚午時　乙日辛巳時　丙日壬辰時　丁日癸卯時

損明時乃天干
之隔五相刑也
日干魁時干故為
損明

月干魁時為損明
乃是隔五必相刑
時干魁日五不遇
天干隔七切宜記

戊日甲寅時　己日乙丑時　庚日丙子時　辛日丁酉時
壬日戊申時　癸日己未時
又日干魁時干 名損明時王將損日昏昧
甲日戊辰時　乙日己卯時　丙日庚寅時　丁日辛丑時
戊日壬子時　己日癸酉時　庚日甲申時　辛日乙未時
壬日丙午時　癸日丁巳時

奇門行軍要畧卷四後

附

占欵取用

奇門有年月日時四干為六儀三奇布於地盤九宮之內占用看天盤值符奇儀所加年月日時四干之上查其生旺尅戰以定休咎欲知國泰年豐看地盤歲干欲知公侯宰輔陞遷看地盤月干欲知省府州縣安寧看地盤日干欲知民物康阜看地盤時干皆看其所臨旺相休囚與天上奇儀本宮五行生尅如

何以定欲知天道晴明陰雨查看交節日時局內欲知出師取
勝在發馬安營日時遁格欲知官品陞擢向到任時日決之欲
知房產久遠重在監造八宅格局欲知墳墓有凶吉盡在葬埋
日時決之欲知生涯有利益要在出入求謀時欲知年月興敗
當查太歲宮中格局欲知四季之吉凶在於立春立夏立秋立
冬之四節日時欲知月日有得失當論二十四氣之交節欲知
日時灾祥在於六甲旬中看其生合旺相吉休囚冲尅以定福
禍欲知人生一世興廢要查生命時日格局大運以九年行一

宮。小運一年行一宮。吉凶成敗皆在格中。推詳。以值符加時干之宮。起初運。陽遁順輪。陰遁逆。更以男女行年。六壬干支花甲起小運。欲知天象忽變異形與彗孛星現。則即將其變現時刻起局查推。並看變現所在之宮細詳天地奇儀生剋以定所主。凡占總以地盤爲主。爲我。天盤爲客。爲人。二局之中。可知天地之灾祥。人事之吉凶。起死而回生者也。國之大事在兵戎。遁甲一書。專爲用兵而作。故其斷論吉凶。皆自言征戰。至詳至悉。其他如造塟婚嫁名利謀求與占驗等事。亦義理之餘括耳。又何

不可知但 神而明之存乎其人矣

占法二十一款目錄

占法二十一款斷用

阳星阳门临阳宫
火土星同必久晴
阴星阴门合金水
壬癸休门临阴位
二局並合与相生
沐浴再临雨如注
若遇景门土宿临
日中下雨時定有
阳门加陰、加陽
半阴半晴須細詳
日時壬癸申子辰
天蓬休门亦主雨
非水日時並沐浴
遇火土星雨难下

行雨晴

此時遇陽星陽門飛臨陽宮又有火土星同宮必定久晴如陰星陰門合水金星及壬癸休門飛臨陰宮二局並合相生沐浴者主大雨如注若遇景門土宿飛臨者主雨時有時無或日中下雨如陽星陽門加於陰宮或陰星陰門加於陽宮主半陰半晴若壬癸及申子辰日時天蓬休門亦主有雨若遇火土星不逢水日時並沐浴者無雨若遇水星冲合當有大雨若論風雷雪閃電星月雲霧詳交節日時起局看有無合龍虎風雲遁格

[illegible]
必有大雨須記住

占起造
時門生宮合吉格
奇儀祿旺長生宮
日時貴人來拱照
宅主坐向相合生
天禽坐鎮中宮地
太陽拱照坐向中
發祿非常萬全吉
惡星反制反助功

及雨師雷公風伯風雲等星會聚則可知也（與下錄附提要占天時法參看）

占起造

此時門生宮合吉格三奇六儀加臨祿旺長生之宮或日時遇貴人拱照宅主與坐向相生相合或天禽坐鎮中宮麻數太陽照拱坐向乃為萬全吉慶發祿非常若有諸家惡星反為我制則為我之用神百無忌也

占安葬遷改

此時日合貴人祿馬合山頭龍神生旺有氣為主如其龍旺於

某季在春夏秋冬二十四炁之内按陰陽二遁取用日時合太陽照臨向坐若太陰太陽映照更美其乙丙丁六儀不臨墓絕之時合於吉格與亡命癸主山運分金補泄得宜水口相生相合並門宮有奇得死景生門到坐餘門到向相生乃萬全之吉也

占功名

若主考提學未臨考塲以官為客諸生為主若主考提學已坐於所考地方以官為主諸生為客此時如主尅客是諸生為主

則名成無阻若官爲主尅客者求名有阻難成如主客相生比合干支同契而合吉格求名易成文章合機若主生宮求名雖吉必先圖謀而利若官尅諸生合凶格在於本命行年宮或本命坐於死絶之宮因求名招非災禍或因求名破敗

占謁見

此時干支相生門宮亦然而合吉格在於生炁宮見而有益若我求之人生我者稱意美滿如我生渠見則艱難因求而反退財帛如逢尅我者合凶格因求見而招非或自取其辱耳

占田禾

此時合生休二門與乙丙丁並六儀臨長生旺祿之鄉而合吉
格其年大熟如合景英心開加於土木之宮或門尅宮或上干
尅下干必然無收如木星尅宮多虫並風災如火星金星尅宮
多旱灾或被風所傷如水星生旺又值壬癸亥子日時更納音
屬水或陰星陰門加於陰宮必多雨水連綿水灾如諸星尅制
或生死二門宮者其年大熟如門尅宮或逢庚辛相制雖收必
有賊偷若合凶格於本宮如又墓絶或朱雀者因田生非破財

官事

占蠶利

此時得吉星于支門宮相生加臨金木之宮而合吉格下不尅上者有十分之利若凶格門迫加於金木宮上下相尅是必無利如合凶格得門生宮或合吉格或門尅宮只有五分之利

占捕捉逃走

此時六癸加於一二三四五宮急趕必見如臨六七八九宮或上于尅下于或門尅宮逃則無追要知逃往何方須從天上六

癸所加之處追趕如臨一宮往正北方一里十里或百里二宮往西南方二里二十里或二百里餘倣此天上六癸爲賊爲逃人若加於旺方爲百里逢衰墓爲十里（逢衰墓而受剋）者爲一里若逢旺氣逢生逃必難追如時宮地盤剋天上六癸宮又六癸宮生此時宮易見若六癸與時宮比和必易見六癸剋時宮或時宮生六癸宮亦定難尋

占遊獵

此時遇傷驚死門合乙丙丁六儀加臨生旺有氣之宮如地盤

逢墓衰宫或上尅下干門尅宫遊獵必獲多獸若天盤諸星必在墓絶宫尅門獸雖見而必不得若門尅宫或宫生門或干支相合相比而有所得若下干尅上干宫尅門星加於死絶之宫必被獸所傷切不可出獵欲知所得之獸推被主尅者如所尅寅爲虎亥猪戌犬丑牛未羊午獐鹿酉鷄之類

占求財謀望

此時遇奇儀門生宫合吉格或干相合比和者求謀得意一切無阻如門尅宫下尅上合凶格凡求不遇或因求謀破財如主

星在衰墓宮又逢上干尅下干或門尅宮因求謀招憂非

占行人

此時伏吟行人身未動反吟來而且速若上干尅下干或門生宮或庚加日干行人即至若上干尅下或宮尅門行人不來若日干加庚行人不來如上干在墓衰宮或門相尅行人來遲且緩若上干遇壬癸臨旺祿宮又逢日時相生合吉凶之格壬有酒席相阻或隔無舟或船上虛驚或口舌喜悅相阻或上干在死絕之宮或被尅制及日時相犯永為不來切忌干支相沖在

行年干上者行人死亡

占口舌官訟

此時遇門生宮合吉格或上干生下干或下干在於得令之宮而尅上干或宮尅門因訟而得理更有官貴扶助得財若地盤奇儀臨衰墓宮逢上干尅下干及門尅宮而合凶格則是非重至財破憂驚若逢心開生宮貴人相扶若逢英景生宮有文書之力若遇生死門生宮田地房產之益如前門生宮尅宮之內推之若諸星比和或上生下下生上當宜和美若逢死絕而被

冲尅因訟破家陷命

占小賊盜

此時遇下干生上干宫尅門地盤在生旺方縱有小人盜賊不敢來犯若上干尅下干日尅時干門尅宫而合凶格三星臨於失令宫小人盜賊謹慎或被大害不宜上下干支比和相生俱爲不吉宜相冲我尅賊不敢來犯

占家宅

此時遇門生宫上干生合下支乙丙丁六儀臨旺祿生宫三宅

舍清寧人口平安進益田產如生死門生宮有田產布帛五穀進益之利如開門生宮有金玉寶珍物財帛貴人之益詳八門生尅推之若凶星門尅宮地盤臨衰墓而又受傷者必災厄獄病小人憂驚不免如陽星被傷則陽人災非如陰星受尅必陰口災病若陰陽星被尅則生陰人男子之憂如乾爲父坤母震長男之例若其人本命在墓絶之宮又被冲尅其灾非命絶若有比和逢生爲難中有救

占婚姻

如男家來問婚姻此時卽以地盤諸星爲男家逢門生宮或上干生下干合吉格而干支日時逢生合其婚必成若門尅宮或上干尅下干或相冲必不能成又如比和相善言之卽成凡九星六儀三奇八門在旺祿之時主富貴之家若衰墓又逢生爲漸發之家旺而受尅爲時退之家若論女相貌人品以八門九星地將推之若逢生主大品清奇逢尅爲不正或遇婦殘姻之類若男問就以男爲主若女問就以女爲主

占生產

此時以宮奇儀爲母以天盤奇儀八門爲子天地干支臨旺祿之宮逢生者子母全安若上干及門剋地盤奇儀慮其子母有虧若地盤奇儀在得令之宮雖則受剋亦且無害如母剋子其產容易子剋母其產艱難若子母無氣而有受傷者則子母難全若子母比和產易平安若合吉格產子極貴壽長合凶格壽夭難養要知何日將產卽看相冲生旺日時決之陽星多生男陰星衆生女陰陽相並而當雙產天下生人同此一時貴賤不同詳此時吉格奇門在方向宜對吉凶之格則生子貴賤可知

知或再加爻年庚多少共算當生日時遁演奇門則知富貴修短耳

占失物

此時天盤奇儀與地盤生合或門生宮失則必見或自遺亡或被親友所藏若門宮相尅上下干支相冲物必難尋如合凶格或因失物而反招非破財如門生宮而合凶格客又墓衰宮而相合主乃為自家人所盜如宮生門干支相冲乃外人所盜如陽星相犯為男陰犯為女陰陽相並必男女知情若陽星臨墓

宮為女偷男藏若女墓為男偷女藏逢旺氣為少年人衰氣為
老年人寅為為公門人卯為犯過人辰戌為兵卒人或好勇人
巳為手藝人或爐冶人午為商旅人申為隣近人或知已人未
為同類人酉為虛花人或為多嘴人亥子為江湖人或漁人桃
水人或漂流人又於天上干逢生為有根基人逢尅無根人或
上下相合為親眷人若逢門尅宮或干支逢庚相尅再忌賊來

占出行

此時出行欲得三奇六儀臨於旺祿之宮或於行年合吉格而

上下相生本日時官貴祿馬俱臨此時而去逢貴人接引財帛廣進求名亨達凡爲皆順如本命行年並此時合凶格門尅宮必多虛驚如開門宮爲貴人見貴之類如逢凶相冲或墓之鄉出則不歸若遇壬癸而有水厄之憂如遇辰戌有牢獄之苦餘詳前條欵內推之

占飲食

此時天上奇儀門生合地下星宮或比和而得旺氣飲食極豐諸星門若尅宮王飲食不豐逢衰氣必見而不得若地盤星儀

魁天盤亦無若水星休門生宮有飲食酒殽如土星生宮有飯
或韮餅果如金星門生宮有飲食重重火星生宮飲食如常若
遇水星生宮應魚蟹海味水中之味羹湯美味如火星生宮主
帶殼硬物苦味或煎炒雉雞烘醃餅酥饅頭尖物如木星生宮
有新味佳味時果腥酸美味金星生宮主多骨之味逐犬鵝鴨
雞鳥蹄肺之物土星生宮有野獸或虎山羊牛肉山藥土物味
甘肚子如火土乘旺氣主鹿獐野獸之物大抵旺氣定主飲食
多飡衰魁飲食艱難若逢凶格門迫宮因飲食生非若主逢旺

占事成否歌
人來求我他爲客
我去求他客是余
比和相生求易成
奇儀門迫費推
移主宮相傷合凶
格求事生非財耗兮
他來生我爲順易
我若生他不易題

口舌自散若衰墓遭傷驚非不免

占事成否

凡人來求我以他爲客我爲主如我去求他以我爲客渠爲主宜主客相生比和求而自成星奇儀門廹求而難成費力若主客相傷合其凶格因求事而生非或反耗財物只宜他生我爲順易我生他爲逆難圖

占賊來否

此時天上奇儀星門尅宮賊來猖狂如地盤坐於旺祿得令之

占賊來歷歌

天奇儀星門尅宮
賊來猶在任西東
地盤仍令坐旺祿
賊雖來而我計勝
地若失令逢於尅
謹防所失莫遭害
我尅賊兮來受害
上下生和進退中
恐賊潛來須設伏
埋伏以待恐相沖

宮賊雖來而我以計勝若我居失令逢其相尅謹防所失加我尅他賊雖見而無害若上下諸星比和干支相生主不進不退恐賊暗來宜埋伏待之　又法以月將加正時看天罡所在孟仲季則知其來否

月將向一卷十二月將在方查用　臨孟寅申巳亥臨仲子午卯酉臨季辰戌丑未時

來不來	不來	半路半來	全來
去不去	尚在	半去	已去
出不出	不出	半出	全出

戰不戰	求戰	已戰	欲戰
罷不罷	已罷	欲罷	未罷
利不利	主傷	兩傷	客傷
何道近	左道	中道	右道
兵被圍	可待	相撞	急去
行不行	未行	欲行	已行

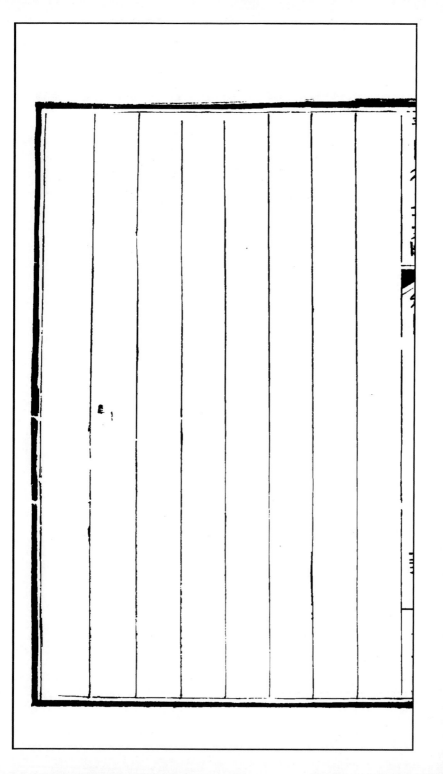

錄

奇門提要占天時法造宅三白亦同

天地風雲九遁間。朕端機兆妙難言。吉凶悔吝從生尅。索隱鈎深理自然。六儀三奇分順逆。八門九曜遞循環。如能窮此陰陽奧。何論天仙與地仙。一二三五八多風雨。四九局中春日暘。一六七防陰滯氣。細推凶吉格中藏。夏日天文不若春。三四二七恐多驚。不測雨聲五六九。局中一八日暉生。秋來坤艮日光移。乾兌遷宮風雨凄。二三四九彌漫雨。坎若逢之閃電閒。直符逢芮不宜冬霾霧陰雲日不紅五三六內多風雪四七八局好天公一遁乙丙加休門天開霞彩悅人心秋有微風能透骨冬來肅殺雨沉沉 二遁乙丙在開門春月秋時多徹刑九夏雲霓冬爽霽騰蛇玄武半晴陰 三遁闕 四遁丙艮在休門夏若逢之雨陣行秋逢掠地風聲振春與秋冬朗朗晴 五遁丁癸加休門春夏飛沙日漸昏冬景倏然成雨雪秋虹雹霰後開雲六遁丙戊加乾宮夏雨秋風春日紅冬若再臨驚杜上狂風颯颯雪飛空 七遁辛加艮壬乙揚地掀天春夏中風雨互加秋

冬。集冬天開霧煖融融。八九二一宮五六七。風雲龍虎一般同。細詳微理分凶吉。不遇門符應勿從。天蓬飛入艮宮來。東北烏雲一朶栽。休使加臨天任上。東方黃氣滿樓臺。生任加臨在坎宮。黃雲北上起穹窿。蒼雲東北真華麗。禽芮加之與任同。衝傷加艮在生方。東北烏雲帶紫黃。直北雲霓皆縹緲。東南西北盡光芒。艮宮杜輔直符臨。烟霧騰騰紫氣生。東北任方雲障膩。北方又有一輕清。英景如臨乾位上。西北雲霞彩映紅。東白北黃青在死。直符尅應量無窮。芮禽若也到休門。北起紅黃東淡雲。坤

宮上有青藍色西向煙塵紫霧生驚柱直符臨震地霓雲北上
又加青夏天四下浮雲起驟雨狂風佈烈烈心開巽上加直符
四處生雲障魔氣白霧南烏西紫霧坤長黃雲上不多　休逢
離上直門廹黑色迷南氣漸同西有青雲東淹水北方紅紫共
徘徊直符震位加驚門碧綠從西雲翳青東向白雲渾四散巧
雲應在北方生　坤艮宮中遇杜輔藍雲翠碧死方多淡紅在
兌黃從巽點點班班艮不差　景英加兌起紅光白氣淹淹東
北方巽上淺黃加綠色如逢旺月有華崗芮禽入震在衝傷東

起黃雲兼白光南嶺素縞帶紅色西南北上黑蒼蒼　驚居天
輔素羅雲南有紅光白帶輕乾上青雲常聚散坤方黯黯霧沉
沉相生相尅觀明色旺相休囚辨的真

奇門揑要占地理法　造宅三白同

地理有形皆有法分門定局預能明相生圓活並長厚相尅尖
斜淺狹輕天蓬方滿帶奇形天任高崗驛路深得遇奇門園徑
在相逢凶路擬墳墩天衝樹木多叢雜天輔三义近閣亭天英
窰灶兼粘澀廟宇溪溝在芮禽天柱橋梁並曲徑園林寺觀合

天心休門淹水井泉多道路橋梁生上過傷門闕市兼亭院杜
上斜溝曲澗波景上錦繡真罕見四圍土阜有山窩死門山野
兼林木苑囿長提對酒壚驚門灰塹兼污穢開門通衢八畫圖
射地高低與短長且將符使細端詳旺相得時加倍算休囚失
令照尋常門廹受傷因減數路途遠近有窺方錙銖瓦礫穿地
色更把天星合地詳衝傷大小兼三四柱輔中分五六織休逢
一六為數先生任排來七八間惟有景英三九數芮會死使二
三連驚柱數中應二七開心六九勿虛言休囚旺相從心豁雖

得干金莫浪傳六甲直符加丙生穿地黃玄物色新加休土塊深青色開若逢之見水津加驚壕塹疑堅石加死多年骸骨深加景塵積兼灰土杜門擊甕與磁荆傷上一宫殊物異遠年朽木地煤坑丙加符甲在開門地色紅黄霧氣騰休門有水多漂白生上頑磚及古壙傷門枯木兼藤蔓杜上禽毛氣赤青景門龜板泥枯墼死門布帛賤衣襟驚是鎖匙應鉄索傍邊兼有灰石瓶丙丁如加天任宫土中沙起色黃紅衝星若也來相遇蒲苞草蓆有形迹輔星繩索有連鈔英上加之器是鍍芮禽穿下

多文墨更有車轅與葺草天柱臨之有貴物非絲非綿疑錢箭
天心奇物嫌投墓隨壞錢財未落空天蓬沙走汎無實如掘淵
泉水溢衝丙巳加生土色黃如加傷位色如糖杜門碧綠還兼
紫景上班班點血蒼死門亂石兼磁器土色玄紅不是艮驚門
如有明窗亮輕浮白色是開方休門色若污泥黑再看天星辨
隱藏丙加庚上熒八白八方移來有凶吉休門不可例言凶蓬
景之宮非吉得加生怪石勢嵯峨加震穿多人髮積杜門鐵索
與香爐加死尸棺有朽骨驚門灰燼及飛沙玩器巾環開上集

庚加丙上白八焚開門加之不一同簪頭器皿并鈕扣土色穿
求定赤紅休加土色如牲血毀筋杯盤在艮宮傷門狸洞兼蝵
蚓杜上青森亦草蟲景門乾燥如螺蚌死上絲羅不尚空驚門
枯井堆磚礫此格由來多咎凶青龍逃走乙加辛開遇乘龍擬
竇珍休門土血藏性骨生艮黔豖是羽鱗傷門遇遁多清潔莫
移胡桃在杜門景上蛤蜊兼骨梗死門旺相角如鞋驚門蛋殼
如神應辛加乙上號猖狂生杜宮中仔細詳七八局中如合此
回凶轉吉不尋常乙辛加傷土色青地中蛇穴洞何深景門槁

木並盛甲黃土沙泥在死門鐵甕又多皆白色刀柄鋤頭開位
臨休門騌物兼牛骨生杜門中地可欽癸加丁上蛇夭矯若遇
休門氣漸消開門物貴形如朽驚上川流水自滔死門畜骨兼
牛角驚得奇門有兎毫杜門樂器兼鉉鼎傷有木魚不可敲生
上一宮無他物木梳毀折破磁梢朱雀投江丁加癸如加死上
古墳墓驚如加水無泥溢開上穿來舊石灰休門擬有頭枯骨
生若逢之死犬猫傷門下有板無釘杜有山林古石碑景門錦
雉真文彩上色紅黃地穴奇

造宅三白占家宅歌訣

飛符入於鬼鄉着其休囚之類虎入門兮人散雀帶刑兮吏追勾刑門兮宅禍虎害十兮人災騰附蓬星爲値戉小口驚憂武會任宿而當權奸人邪孽六合天柱子女怨尤太陽景英寵婢竊位九地庚辛爲伏刃若遇驚傷再帶刑害暗中有損九天丙丁爲飛牒若乘甲乙而逢魁戉光怪須防朱雀再附丙丁喧爭咶耳玄武更乘壬癸宵小跳梁庚辛白虎得地而凶勢愈張戊已勾陳刑冲而破敗立見燒身白虎先凶後吉入上之蛇墊後

須防返首兮畫棟雕樑跌穴兮藏風聚氣九遁則知拱護有情
得使定然堂構森列守門在家清吉游儀出外更艮乙加辛門
廊有損辛加乙虎首房强癸加丁厨厠不利丁加癸祟鬼爲災
伏干八宅俱不順飛干基址恐招殃伏宮外人加害飛宮禍起
背墻大格小格隣房有衝射刑格勃格眷屬不安康白入熒防
有妖異熒入白火燭驚惶五不遇兮人有損綱羅布兮事乖張
六儀擊刑凶災疊見三奇入墓暗室幽房反吟不吉伏吟不祥

原旨

奇門起於軒轅黃帝患蚩尤之亂於涿鹿兵戰不休幸天降彩鳳啣書因命臣風后演遁甲奇門得以取勝其理以天干有十甲乙丙丁戊己庚辛壬癸地支陽數六子寅辰午申戌是也以甲爲東方青帝之尊仁君之象對宮曰庚金乃陽金之精西方太白之象性險毒主殺伐小人之類也甲畏之而遁故曰遁甲然甲雖遁去亦不可任其流害於民間故必和之制之以伏其兇而使爲我用斯爲仁德之君乃用甲之比曰乙妹配庚金而和合之其次丙丁火爲甲木之子孫尅庚金爲官煞以制伏之

故曰三奇乙爲日奇陽之精丙爲月奇陰之華丁爲星奇陰之曜也晝則日麗於天夜則日沉月代以光月弦虧而星繼以明三光照臨無微不燭此外戊己庚辛壬癸名曰六儀儀者太極判而爲兩儀有兩儀方有五行之義也甲乃次第隱於六儀之下蓋甲爲十干之首子爲地支之元故甲子隱於六戊之下猶之元首爲而任股肱也甲以戊爲財己以甲爲配故甲戌隱於於六己之下猶之帑藏而受內助也甲雖畏庚金既有三奇之制還爲我用故甲以申祿馭庚而隱其下甲以辛爲官辛以午

爲貴故甲午以貴加官隱於六辛之下甲衰於辰壬庫在焉故藉庫以扶衰而甲辰隱於六壬之下甲以寅爲臨官又以癸爲印綬官與印兩不相離故甲寅隱於六癸之下六儀遍布而甲之功用顯焉遁猶不遁也故曰六儀甲子戊甲戌己甲申庚甲午辛甲辰壬甲寅癸循環於九宮之內假九星以爲符節宣揚號令出生入死各有其門休生傷杜景死驚開故曰八門休卽一白坎生卽八白艮傷卽三碧震杜卽四綠巽景卽九紫離死卽二黑坤驚卽七赤兌開卽六白乾以三白之門休開生爲三

吉門合三奇爲得奇門甚吉然吉門尅宮宮不吉宮尅吉門門不利門門吉凶隨事而用八門吉凶自有玄微之機也甲雖遁焉又與已配合爲夫妻故甲子已卯甲午已酉爲符頭統令六儀與值使互用符頭則加於時干爲值符常加時干轉先將用時遁係何甲管下卽以其甲爲值符加於地盤用時干上值使則加於時支爲值使每隨時支奔查值符中之支陽遁順黙陰遁逆輪至所用時支卽以值符之門加之符使所臨八方拱會萬國咸寧此風后演奇門制蚩尤之原旨也

總法天機

蓋三奇八門六儀九星八卦干支皆五行之所屬不過賴五行之生旺相制害刑尅胎養死絶貴祿空亡乘生迎旺之理人能觸類引伸則三才萬物之道盡矣烏可他求哉

如天盤九星奇儀或屬金如生祿旺之時加臨地盤奇儀屬木此爲金尅木是天盤尅地盤謂之客來傷主此時利客揚威如生尅天盤主國泰民安四海淸寧主聖臣賢父母福慶長主富貴若年干受尅主四海兵戈主身不安骨肉相刑費財民荒

如地盤月干逢天盤相生或合吉格門宮相生有忠臣輔國加
冠封爵萬事稱意六親吉慶若月干受尅門制其宮主休官罷
職六親參商貧苦奔馳如地盤日干逢天盤相生或合吉格門
宮相生主兄弟和睦貴喜迎門已身通達朋友相扶求謀遂意
若日干逢尅門尅宮則兄弟刑傷已身困苦或謀而不遇
如地盤時干逢相旺門宮相生妻子賢能士卒精强奴婢得力
逢相尅門制宮主妻子刑傷父子不和兵卒自亂奴婢欺主
大凡庚加年月日時干上或年月日時加於庚上在於何人年

干者則知何人災非或有庚命生人逢庚合吉格門宮利配者
爲事大利身勢高强逢凶格門尅宮者主骨肉不親自身危困
餘皆倣此

通奇戒忌

素書云能通奇遁者宜潛居抱道待時而用名香萬世若不遇
時宜隱跡山林埋名安分不可强行此爲知時達道之士違者
凶災隨影易曰惠廸吉從逆凶戒之愼之

奇門行軍要略卷之四終